Isaak Öztürk

Ich geh leben, kommst du mit?

Isaak Öztürk

Ich geh leben, kommst du mit?

1. Auflage © 2016 SadWolf Verlag UG (haftungsbeschränkt), Bremen

8. Auflage © 2020

Autor: Isaak Öztürk
Umschlagdesign: Alexandre Cana, Johannes Wolfers
Lektorat/Layout: Kathrin Steube, Johannes Wolfers
Druck: PRINT GROUP Sp. z o.o.

Hardcover: ISBN 978-3-946446-11-8
E-Book Epub: ISBN 978-3-946446-12-5
E-Book Mobi: ISBN 978-3-946446-13-2

Bibliografische Information der Deutschen Nationalbibliothek:
Die Deutsche Nationalbibliothek verzeichnet diese Publikation in der Deutschen Nationalbibliografie; detaillierte bibliografische Daten sind im Internet über http://dnb.dnb.de abrufbar.

Das Werk, einschließlich seiner Teile, ist urheberrechtlich geschützt. Jede Verwertung ist ohne Zustimmung des Verlages und des Autors unzulässig. Dies gilt insbesondere für die elektronische oder sonstige Vervielfältigung, Übersetzung, Verbreitung und öffentliche Zugänglichmachung.

Printed in Germany

Besuchen Sie den SadWolf Verlag im Internet
www.sadwolf-verlag.de

Inhaltsverzeichnis ...

Das Geheimnis …	11
Spiegel …	12
Es wird immer einen geben …	14
Es muss weitergehen …	17
Der Stein …	20
Wahrheit in uns selbst …	23
Menschen in unserem Herzen …	24
Gefühle …	26
Ich verspreche dir …	29
Hände reichen …	32
Vertrauen …	35
Besondere Menschen …	36
Sei immer du selbst …	38
Momente …	41
Wahre Liebe …	44
Sprachlose Momente …	46
Das Erkennen des Guten …	49
Die Macht der Worte …	50
Zwischen Herz und Verstand …	52
Vergessene Werte und Normen …	56
Sei es …	59
Warum …	60
Eigenschaft der Starken …	62
Mittendrin …	65
Bewunderung …	68
In einer Welt …	69
Einsamkeit …	71
All das …	72
Momente des Lebens …	74
Zeiten der Stille …	77

Karussell der Gefühle …	80
Frei oder gefangen …	83
Unser Lachen …	84
Gute Reise …	86
Vergiss jene …	89
Geheimnisse und Vertrauen …	92
Unser Weg …	95
Kämpfe …	96
Es ist unser Leben …	98
Ein Herz, mein Herz, dein Herz …	99
Entscheidungen …	101
Jahreszeiten des Herzens …	104
Es bedeutet Liebe und Leben …	105
Manchmal …	107
Siehst du es …	108
Die Reise meines Lebens …	111
Meine Bilder und ihre Wege …	115
Welt voller Gefühle …	118
Jeden Tag, eine neue Erfahrung …	119
Zu jener Zeit …	121
Unbeschreibliche Kraft …	122
Meine Sehnsucht …	124
Mein Herz schlägt …	125
Zeiten ändern sich …	127
Du bist nicht allein …	130
Leidenschaft …	133
Die Welt ist dein Spiegel …	134
Sprechende Seele …	136
Hoffnung …	137
Wünsche …	139
Das Schöne im Leben …	142
Ich habe gehört …	145

Einen Schritt weiter …	146
Unbeschreiblich …	148
Träume und Realität …	151
Gutherzigkeit …	154
Der Anfang einer Entscheidung …	155
Mit der Zeit …	157
Pure Gedanken …	158
Das nächste Kapitel …	160
Zeit und Zufall …	163
Liebe ist mehr …	167
Sandkörner …	171
Wenn du …	172
Was ist mit dir …	174
Richtig und Falsch …	175
Märchen …	177
Spuren …	180
Über die Liebe …	181
Gefühle …	183
Ich habe nie daran geglaubt …	184
Von der Liebe …	187

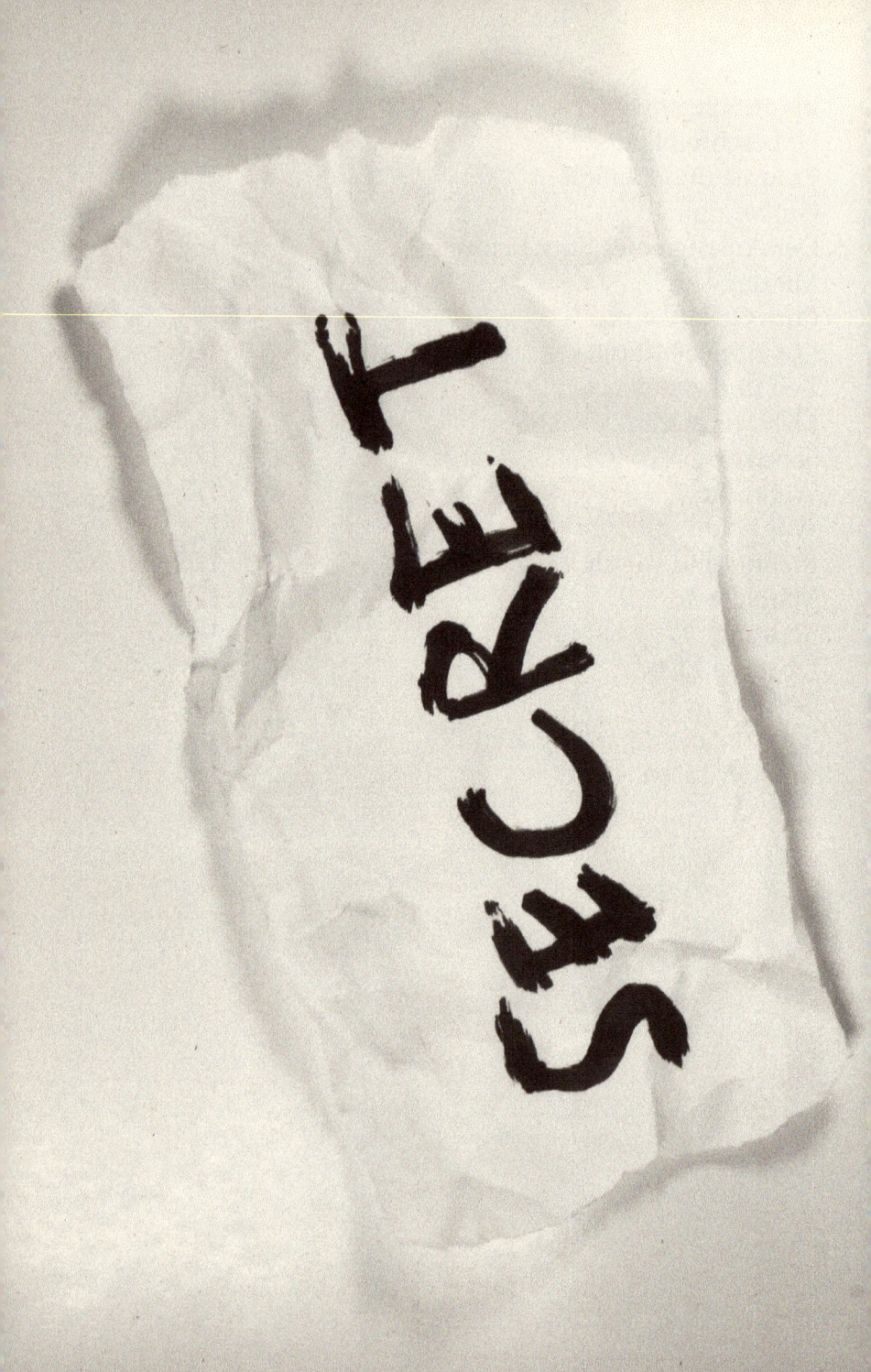

Das Geheimnis ...

Anstatt einen Menschen **wirklich**
und **richtig** kennenzulernen,
verlieben sich viele lieber in die *Oberflächlichkeit*.

Die Oberflächlichkeit eines Menschen zu lieben ist
leicht, ihm die Maske abzunehmen oder seine Mauern
einzureißen hingegen ***schwer***.

Und am Ende wundern sie sich, *warum* auf einmal ein
ganz **anderer** Mensch vor ihnen steht als der,
den sie kennengelernt haben.

Man sollte daher nicht nur hören,
was sein Gegenüber sagt,
sondern auch das *verstehen* und **fühlen**,
was es nicht gesagt hat.

Der Mensch ist viel mehr als das,
was manch einer sieht, mehr als das,
was manch ein Gehirn versteht,
eine Nase riecht, ein Verstand erkennt ...
und mehr als das, was manch ein Herz fühlt.

Das Geheimnis:

Höre, was andere nicht hören,
sehe, was andere nicht sehen,
gebe, was andere nicht geben,
und *fühle*, was andere nicht fühlen.

Spiegel ...

Plötzlich kommt da dieser *Moment*,
in dem du dich fragst, wer *du* eigentlich bist.

Oder auch der Moment, in dem du dich fragst,
warum du *so* geworden bist.

Du schaust in den **Spiegel**
und versuchst, etwas aus deinen Augen zu lesen.
Doch diese Leere, in die du blickst, gibt dir keine Antworten.

Jeder andere sagt dir, dass du dich verändert hast,
aber keiner fragt dich, ***warum***?!

Was diese Menschen sehen? Sie sehen die **Mauer**, die du aufgebaut hast und die **Maske**, die du trägst, aber wer du wirklich bist, ja, das sehen und fühlen nur die wenigsten.

Schau noch einmal in den *Spiegel*.

Schäme dich nicht und habe keine Angst vor den Gefühlen,
die sich in deinen Augen widerspiegeln.
Hebe deinen *Kopf* und greife nach deinem *Mut*,
nach deinen *Gefühlen*,
nach deinem *Leben*,
und vor allem nach *dir* selbst.

Gefühle zu zeigen ist *keine* Schwäche,
nein, es ist ein Beweis von *Stärke*.

Sei stark!!!

Es wird immer einen geben ...

Die Reise unseres Lebens führt uns oft auf steinige Wege, auf unbekannte Wege und auch in Sackgassen.

Diese Wege zu meistern, ohne jemanden an der Hand zu haben, ist nicht immer ganz einfach, und oft kommt man an den Punkt, an dem man stehen bleibt oder auch stolpert. Man will aufstehen und weiterlaufen, aber es fehlt einem zu jener Zeit die Kraft, dieses allein zu bewältigen.

Manchmal hat man das Glück, tolle Menschen um sich zu haben, die einem helfen, dort weiter zu machen, wo man einst stehen geblieben ist. Aber dieses Glück hat nicht jeder, und man hat es auch nicht zu jeder Zeit.

Es gibt Momente in unserem Leben,
da müssen wir selbst eine Kraft bilden,
um nicht für immer stehen zu bleiben
und kaputt zu gehen.

Sicherlich kennt jeder eine Situation aus seinem Leben, womit er heute sogar vielleicht noch ein wenig zu kämpfen hat, aber auch jeder sollte wissen, wie viel Kraft er damals hatte, sich von diesem zu lösen oder das zu besiegen, was einen eine ganze Zeit lang hat innerlich sterben lassen.

Es gibt so viele Beispiele, so viele Erlebnisse eines Menschen, die man damit verbinden kann, und doch sollte man nach vorne schauen, um nicht immer von der Vergangenheit eingeholt zu werden. Schließlich wollen wir weiter kommen und das Leben in vollen Zügen auskosten und genießen. Wir wollen glücklich sein und nicht dort weilen, wo wir einst zerbrochen sind.

Wir sollten auch nicht andere Menschen darunter leiden lassen, was wir einst wegen anderen durchgemacht haben, sondern sie so lieben, schätzen und beschützen, wie sie sind.

Jeder Mensch hat Fehler, jeder seine eigene Art und seine eigenen Ansichten über so viele Dinge.

Und einen Menschen zu mögen oder zu lieben, heißt, diesen zu akzeptieren und zu respektieren.

Man sollte sich die Vergangenheit
eines Menschen nicht zunutze machen,
indem man ihn kaputt macht,
sondern genau darauf bauen
und an seine Zukunft glauben.

Es wird nicht immer jemand da sein, um dir zu helfen, aber vergiss nie, was du bis heute geschafft hast, und vor allem vergiss deinen Wert nicht.

Es wird immer Menschen geben, die etwas an dir stört, aber es wird auch immer einen geben,
für den du unbezahlbar bist.

Wenn du also heute in einer Grube bist oder morgen in eine fällst, gib dich nicht auf, denn im Leben heißt es: **aufstehen**, **weitergehen** *und* **glücklich** *werden.*

Ich wünsche jedem Einzelnen all diese Kraft.

Es muss weitergehen ...

Zu einem bestimmten Zeitpunkt in meinem Leben hat sich *vieles geändert*. Aber auch ich habe **vieles verändert,**
um mich *selbst zu schützen*.

Mit dem bestimmten Zeitpunkt meine ich, dass ich eine gewisse **Erfahrung, Entdeckung** oder ein **Erlebnis** hatte, das diese *Veränderung* hervorgerufen hatte.

Vieles passierte auch unbewusst, aber all das gehört nun *zu mir*. Ich habe angefangen, Dinge **zu akzeptieren**, die ich nicht ändern konnte, auch wenn es mir oft *sehr schwer* fiel. Habe angefangen, mein **eigenes Glück** zu suchen, aber das meiner Mitmenschen *niemals* außer Acht zu lassen.

Und an jedem *neuen Tag* fange ich an, mich selbst und so vieles mehr immer wieder **neu zu entdecken** und zu erforschen, denn es gibt *so viele schöne Dinge*, die ich noch nicht kenne, aber bereit bin **kennenzulernen**.

Das alles zeigt mir immer wieder ein Stück von mir *selbst*, und so komme ich mir selbst **immer näher**.

All das gelingt mir nicht immer,
denn manchmal blockiert mich etwas.
Seien es Sturheit, Unwissenheit,
Angst oder auch Gefühle,
die ich nicht zuordnen kann.

Für einen gewissen Moment setzen sie mich **außer Gefecht**, und ich beginne einen Kampf mit *mir selbst*.

Und es ist sicherlich **nicht immer leicht**, diesen Kampf zu beenden und zu gewissen *Schlussfolgerungen zu kommen*, aber es ist bitter **notwendig**, um mich selbst nicht zu vergessen *und weiterzukommen*.

Das heißt, ich bin **bereit** für Neues, halte *meine Hoffnung für vieles in mir*, **stärke meinen Mut** und versuche, die Angst vor gewissen Dingen *zu besiegen*.

**Das Leben ist nicht immer einfach und schön;
ich denke, das hat jeder von uns erfahren müssen.
Der eine mehr und der andere weniger,
aber das ist doch nicht das, was zählt.**

Wichtig ist, dass wir *immer wieder aufstehen* und die Hoffnung in und für uns selbst **nie verlieren**. Nach vielen schlechten Erfahrungen ist das schwer, aber wir alle haben doch schon viele Dinge **gemeistert**, von denen wir dachten, dass sie uns umbringen würden. Geblieben sind Narben, die noch häufigen Schmerzen sowie Tränen, die noch oft geweint werden – aber auch der **Mut** und die **Stärke**, dem Leben mit all seiner **Kraft** entgegen zu treten.

Ich lebe, atme, denke, träume und fühle.

Und auch wenn nicht jeden Tag ein Lächeln mein Gesicht ziert, weiß ich, es ist richtig und am wichtigsten, **mich selbst nie aufzugeben!**

Es muss weitergehen ...

Der Stein ...

Immer wieder stolpere ich über einen dicken **Stein**, der sich nennt: *das Leben*.

Es gibt viele Gründe dafür und irgendwie bin ich auch *dankbar*, dass ich mich an diesem Stein so oft *verletze*.

Für einen Moment tut es weh, manchmal auch ein wenig länger, aber er zeigt mir auch, dass ich vorsichtig sein soll, dass etwas Unerwartetes passiert ist oder vielleicht auch etwas, womit ich erst einmal zu kämpfen habe.

Erneut wird es Zeit für mich
meine Augen zu öffnen,
meine Sinne zu schärfen und
meine Gedanken zu sortieren.

Nein, es ist nicht das erste Mal, dass ich mich stoße und vielleicht auch nicht das letzte Mal, aber aus demselben Grund, will ich mich nicht wieder verletzen.

Das heißt, dass ich aus meinen Fehlern lernen
und manche Dinge anders angehen muss.

Vielleicht heißt es auch, eine kleine Veränderung in meinem Leben vornehmen zu müssen, was nicht immer schön, aber manchmal bitter notwendig ist. Dass ich mich vielleicht von **einigen Menschen trennen** oder *manche Ziele intensiver verfolgen sollte*.

Oder so vieles mehr.

Im *Wesentlichen* sagt es mir aber, dass ich **aufstehen** und **aufwachen** soll. Dass es gewisse Momente gibt, die mich aufhalten, ***aber das Leben weitergeht*** und sicherlich weitergehen muss.

Ich werde diesem Stein sicherlich noch oft begegnen, aber zumindest werde ich ihn in gewisser Hinsicht und Erlebnissen meines Lebens **frühzeitig** erkennen und ihm *aus dem Weg gehen*.

Es wird mir nicht immer gelingen, aber ich bin bereit, ihn jedes Mal mit noch mehr **Mut und Kraft** zu stoßen, um ihn vielleicht eines Tages *ganz zu zerbrechen*.

***Um meinen Weg zu finden,**
und vor allem, um mich selbst zu finden ...*

Wahrheit in uns selbst ...

Es gibt Momente, da fällt es dir **schwer,** etwas zu sagen. Es fällt dir schwer, einen **klaren** Gedanken zu fassen, weil du zu jener Zeit nicht weißt, was »*richtig*« und was »*falsch*« ist.

Du erlebst eine neue Situation, und genau diese weckt neue **Gefühle, Gedanken** und so vieles *mehr* in dir.

Das reinste **Chaos** beginnt und du musst dich einer neuen **Aufgabe** stellen, dir teilweise neue **Ziele** setzen, aber die alten nicht aus den **Augen** verlieren.

Nehmen wir eine Mischung aus *Vergangenheit* und *Erfahrung,* ergänzen die *Gegenwart* und kommen trotzdem nicht in die *Zukunft.*

Verdammt – was nun?

Bist du der Mensch, der gerne *Neues* erkundet, mit dem Risiko, dass er etwas erleben könnte, was *nicht* schön ist, oder doch eher der Mensch, der sich *zurückzieht,* und sich dort einnistet, wo er sich *wohlfühlt*?

Es ist nicht immer wichtig und richtig, was andere sagen. **Wichtig ist**, dass man für sich *selbst* entscheidet. Dass man **glücklich** und **zufrieden** mit seinen Entscheidungen ist.

Jeder **Schritt** im Leben bringt uns weiter, bringt uns unseren *Zielen* ein Stück **näher** und zeigt uns immer wieder ein kleines bisschen

Wahrheit in uns selbst ...

Menschen in unserem Herzen ...

Manchmal begegnen wir *Menschen* im Leben,
bei denen wir uns von der ersten Sekunde an
wohlfühlen.

Schon nach einer kurzen Zeit bauen wir **Vertrauen**
und **Gefühle** auf, weil sie uns etwas *geben*,
wonach wir uns so oft und lange **gesehnt** haben.
Es dauert somit auch nicht lange,
da schließen wir sie in unsere **Herzen**
und lassen sie nicht mehr gehen.

*Es sind Menschen,
die Herz und Seele berührt
und gefesselt haben.*

Sie sind der Grund für viele Wendungen und neue *schöne* Gefühle, und weil sie unser Leben so **positiv** beeinflusst und *bereichert* haben, möchten wir sie auch nicht verlieren.

*Leider wissen wir es nicht immer zu schätzen,
sind teilweise unfair und geben ihnen nicht immer das,
was sie verdienen.*

Aber Menschen, die wir in unser *Herz geschlossen* haben, und Menschen, die uns in ihr *Herz geschlossen* haben, sollten immer einander schätzen und dieses auch zeigen und den anderen spüren lassen.
Denn das ist einer der **wichtigsten** Bestandteile,
der diese Beziehung hält und zu etwas **Besonderem** macht.

Und gerade weil diese Menschen eine *Seltenheit* sind,
sollten wir sie umso mehr zu **schätzen** wissen und **achten**.

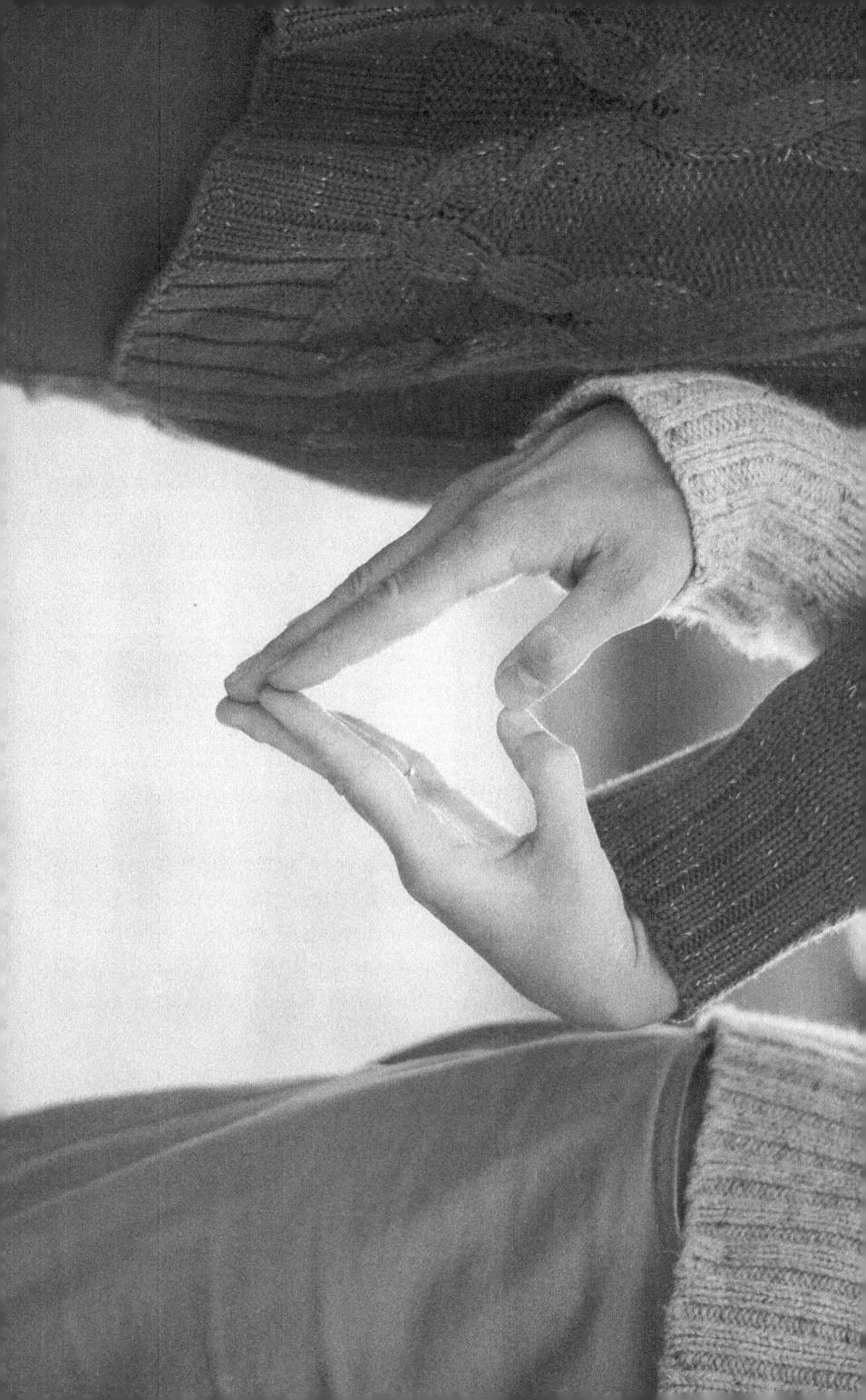

Gefühle ...

Sie entstehen in meinem *Herzen*
und verursachen meistens das **reinste Chaos** in mir.

Ich kann sie nicht steuern,
nicht einfach aus- oder einschalten
und auch *nicht wirklich kontrollieren*,
obwohl ich es mir **so oft wünsche**.

*Wenn mein Herz beschlossen hat,
Gefühle aufzubauen,
ist selbst mein Verstand machtlos
und kann nix dagegen unternehmen.*

Mir können noch so viele Menschen einreden, dass es »**falsch**« oder »**schlecht**« ist, aber *wahre* Gefühle vergehen nicht von jetzt auf gleich.
Wenn ich ein Gefühl für »**richtig**« und vor allem »**gut**« empfinde, lebe ich es mit vollem Herzen aus und folge ihm.

Es gibt auch Gefühle, die uns »**falsch**« leiten und in Versuchung bringen, aber auch diese lassen sich kaum bremsen, denn Gefühle sind leider nicht immer schön.
Einen Menschen, den man einst **geliebt** hat, kann man *nicht vergessen* und auch *nicht einfach verdrängen*, denn er wird immer ein *Teil des Herzens* bleiben.

Klar kommen immer wieder Menschen, die den Platz im Herzen ein wenig enger rücken und auch manche, die das Herz komplett einnehmen, aber jene, die wir in unser Herz geschlossen haben, **bleiben dort**.

Wir teilen unser Herz selbst ein,
und jeder ordnet und verteilt die Größen selbst.

Ein Stück für die **Familie**,
ein Stück für den **Partner**,
für die **geliebten Verstorbenen**,
und für die **Kinder**.

Doch ein kleines Stück ist stets frei.

Frei für Menschen,
die wir mit der Zeit in unser Herz schließen.

Meine Gefühle zeigen mir,
wonach ich mich sehne,
was ich vermisse,
was oder wen ich liebe,
was mir weh tut,
und noch so vieles mehr.

So sage mir,
was wären wir Menschen
ohne Gefühle?

Ich verspreche dir ...

Jeder von uns freut sich über *tolle Versprechungen*, über *schöne Worte* und die damit verbundenen Gedanken und Vorstellungen.

> Aber welche **Bedeutung** haben sie,
> **wenn man sie nicht hält?!**

> *Warum Menschen im Glauben lassen,*
> *wenn das Versprochene nie gehalten und existieren wird?*

Es ist der Moment, in dem man den Menschen glücklich macht, ohne darüber nachzudenken, welchen Schaden man damit am Ende anrichten kann. Demnach machen wir uns viel zu wenige Gedanken über die Konsequenzen, die unser Gegenüber treffen könnte.

> *Aber das scheint in einer egoistischen Zeit*
> *wie dieser wohl ganz normal zu sein.*

Eines der besten Beispiele ist wohl die **Ehe**.
Einwilligen, mit jemandem alt zu werden.

> *Aber wie lange dauern die Ehen*
> *heute noch im Durchschnitt?*

Die wenigsten Ehen schaffen es, dieses Versprechen wirklich einzuhalten. Selbst Beziehungen, die alles versprachen, sind schneller zerbrochen als zusammen gebildet. *Denn auf Worte, die man sagt, sollten auch Taten folgen. Niemand kann allein von schönen Worten und Sätzen leben.*

Also sollten wir uns Folgendes merken:

**Wenn man ein Versprechen nicht halten kann,
sollte man es nicht gedankenlos geben,
nur weil es sich schön anhört.**

Man sollte k*einen Menschen* im falschen Glauben lassen und ihm falsche Hoffnungen machen, denn alles, was man sich wünscht, ist doch selbst ehrlich und fair behandelt zu werden.

Versprechung bedeutet eine **Zusicherung***, etwas Bestimmtes einzuhalten und eine bestimmte* **Erwartung zu erfüllen.**

Hände reichen ...

*Jedes Wort ist meist schneller
und leichter geschrieben und gesagt als getan.*

Die Kunst liegt nicht darin, schöne Worte zu sprechen oder zu schreiben, sondern darin, diese auch **umzusetzen**.

Der Anfang vieler neuer Erfahrungen und Erlebnisse findet immer in **uns selbst** statt. Sie gehen von Kopf und Herz über Gefühle und Gedanken zu möglichen Taten über.
Die daraus folgenden Taten sind ein **Teil unserer Gegenwart** und auch oft unserer Zukunft. Geprägt werden sie dann im *Positiven* oder *Negativen* zu einer Narbe oder einem Glücksgefühl, das auf ewig bleibt. Demnach sagt man ja auch: »**Achte auf deine Gedanken, sie sind der Anfang deiner Taten.**«

*Verdrängen? Möglich!
Vergessen? So gut wie immer unmöglich!*

Unsere Entwicklung wird beeinflusst von außen, aber nur *wir selbst entscheiden*, inwieweit wir dieses in uns eindringen lassen. Wir selbst geben den Worten und Handlungen anderer Menschen Platz im **Kopf** oder im **Herzen**.

Unsere Vergangenheit ist hierbei ein *ausschlaggebender Faktor*, denn aus unseren Erfahrungen, Erlebnissen und Gefühlen entscheiden wir viele Dinge stets anders, wir **sehen** sie anders, **fühlen** sie anders und **leben** sie dann auch anders.

Gerade weil Geschehnisse *selten* so kommen, wie man gedacht hätte, weil man selten so handelt, wie man es sich vorgenommen hat und das Unerwartete so **plötzlich** eintritt, weiß man ebenso selten, *wie* man wirklich damit umgehen soll.

Ein tiefer Niederschlag oder doch das Gefühl von Glück?

Zweierlei und für sich einzeln genommen **so verschieden,** und doch kommt auch hier wieder eine *Verbundenheit* durch die erzeugte **Ungewissheit** für die Zukunft, die *ungewisse* Reaktion des anderen, das **Ungewisse** in Richtung Erinnerung oder Ewigkeit, die *Ungewissheit* darüber, was und wie wir vergessen und handeln sollten, damit es sich für uns nicht nur am schönsten anfühlt, *sondern es auch ist.*

Was ich mit all dem sagen will?

Wir sollten wieder lernen, uns die **Hände zu reichen**, anderen eine Chance zu geben, uns selbst und das Leben zu akzeptieren, und zu uns und der **Wahrheit** zu stehen.

Eigentlich so vieles mehr, was selbstverständlich ist und immer weniger Wert findet. Sicherlich ist nicht alles leicht und für manch einen, der sich auf den Weg begibt, unmöglich, aber man sagt ja nicht umsonst:

»Einfach ist nicht leicht, einfach ist oft am schwierigsten.«

Und bei all dem, fange ich bei mir selbst an ...

Vertrauen ...

Es ist eines der **wertvollsten** und **kostbarsten** Gefühle, die ein Mensch in sich tragen oder verschenken kann. Es kann *geschätzt, missbraucht* und in manchen Menschen auch vollkommen *zerstört* werden.

Es entwickelt sich sehr langsam und baut sich von Mensch zu Mensch sehr verschieden auf.

Wie eine Pflanze, die ihre volle Pracht erst nach einer langen Zeit, viel Pflege, Sonne und auch viel Wasser erlangt.

So ist es auch bei uns Menschen.

Es bedarf viel *Zeit*, viel *Liebe*, viel *Verständnis* und auch viel Mitgefühl, um einem anderen Menschen zu zeigen, dass man ihm vertrauen kann.

Vertrauen ist einer der Grundsteine
in einer **Freundschaft** und in einer **Beziehung**.

Man sagt: »Vertrauen ist das Gefühl, einem Menschen sogar dann glauben zu können, wenn man weiß, dass man an seiner Stelle lügen würde.«

Wenn ich also bereit bin, dir mein *Vertrauen* zu schenken, dir mein *Herz* auszuschütten und dir den Menschen zu offenbaren, der ich wirklich bin, so hoffe ich in dem Moment, dass du es dir zu *Herzen* nimmst und es für dich ganz *allein* bewahrst.

Denn auch eine Pflanze, die du außer Acht gelassen oder deren Blüten du abgerissen hast, wird niemals so schön gedeihen, wie man es sich gewünscht hat ...

Besondere Menschen ...

Wie ein funkelndes *Licht* im Dunkeln,
wie ein *Rettungsboot* im tiefen Meer
oder wie eine **Medizin** gegen Schmerzen.

Manchmal so fern und doch immer ganz nah sind sie für einen da, wenn alle anderen dich verlassen haben. Sie stehen hinter dir und geben dir **Mut**, während jeder andere dich schon aufgegeben hat. Schenken dir ein **Lächeln**, während andere es dir nehmen und bringen dich zum Lachen, auch wenn dir nicht unbedingt danach ist. Hören dir zu, während jeder andere weghört, denken über deine Worte nach und bewahren sie im **Herzen**. Fangen dich auf, während jeder andere dich fallen lässt.

Es ist 4 Uhr nachts und du kannst nicht schlafen?
Ja, sie gehen ans Telefon und sind für dich da,
wenn du sie brauchst.

Dir geht es schlecht und **sie wissen es**.
Sie fragen nicht, was los ist, sie fragen, wo du bist,
um zu dir zu kommen und dir *beizustehen*.

Sie **kennen** deine Geheimnisse
und **verstehen** dein Schweigen.

Sie kennen deine Fehler, aber *respektieren*,
akzeptieren und *lieben* dich trotzdem so wie du bist.

Menschen, die dein Herz **erwärmen** und deine Tränen **trocknen**. Es sind die Menschen, bei denen man sich *grundlos wohlfühlen kann*.

Dieser Text geht an **ALLE** Menschen,
die ich *liebe* und *immer lieben werde*.

Sei immer du selbst ...

Es ist sicherlich nicht immer leicht,
man selbst zu sein, aber umso *wichtiger* ist es,
das **wahre Gesicht** nicht zu verlieren und nicht zu vergessen.

Manchmal sind wir gezwungen, Masken aufzusetzen und Mauern zu bauen für eine Fassade, deren Anblick und Eindruck im ersten Moment so berechenbar scheint, dass sie in **Wirklichkeit** schon wieder *unberechenbar* ist.

Es ist
wichtig zu wissen, wofür man *steht*,
wichtig zu wissen, wofür man *lebt*,
wichtig zu wissen, wofür man *atmet*,
und das Wichtigste, sich bei all dem **nie zu vergessen**.

Ich selbst zu sein, bedeutet für mich **nicht**,
mich jedem Menschen *offenbaren* zu müssen.

Es bedeutet lediglich,
dass ich weiß, *wo ich momentan stehe*,
ich weiß, *was ich will*,
ich weiß, *wovon ich träume*,
und ich auch weiß, *wer ich bin*.

Es gab oder es wird Zeiten geben, in denen wir manchmal schwanken. Zeiten, in denen wir gedenken aufzugeben, und Zeiten, in denen uns jegliche Kraft fehlt, um weiterzu*machen*, weiterzu*kämpfen*, weiterzu*denken*, zu *fühlen* und manchmal auch zu *leben*.

Gerade in diesen Zeiten habe ich mich immer wieder **neu entdeckt**, habe vieles anders gesehen, über vieles anders gedacht, und ich habe diese Zeiten als Erfahrung

in mein Leben geschlossen und akzeptiert.

Vielleicht bin ich
in vielerlei Hinsicht **vorsichtiger** geworden,
in vielerlei Hinsicht **wachsamer** und genauer.

Aber selbst in all diesen
und anderen Hinsichten
bin und bleibe ich, *ich*!

Sei immer du selbst,
denn wer dich nicht *akzeptiert*,
dich nicht *respektiert*
und *liebt,* wie du bist,
hat dich ganz gewiss **nicht verdient!**

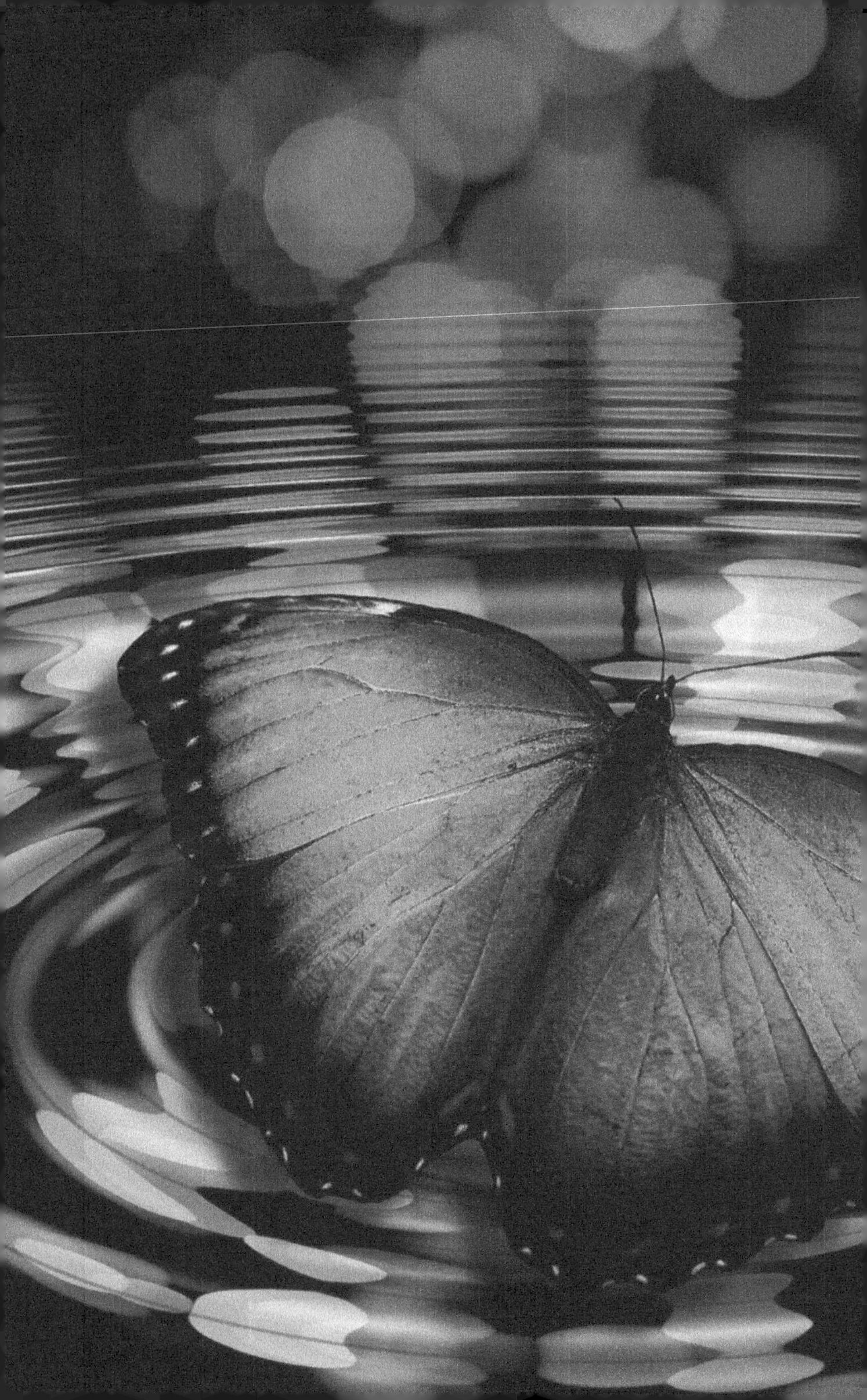

Momente ...

Ich habe oft den Moment erreicht,
an dem ich einfach alles stehen und liegen lassen wollte.

Den Moment, in dem ich allein sein möchte
oder einfach nur meine Ruhe brauche.
Den Moment, um klare Gedanken zu fassen,
die Augen zu öffnen, das Herz zu beruhigen
und mir meiner Ziele wieder bewusst zu werden.

Manche Momente durchlebe ich nicht *zum ersten Mal*,
nicht zum zweiten Mal und auch *nicht zum letzten Mal*.

Trotzdem handle ich oft wiederholt gleich
und mache die Fehler erneut.
Ich stelle fest, dass sich nichts ändert
und fange an, anders zu handeln,
weil ich mit manchen Entscheidungen nicht zufrieden war.

Daraus folgt, dass ich nicht immer **direkt** eine richtige Entscheidung treffen kann. ***Wichtig ist***, dass ich nicht in der Zeit oder im Geschehen stehen oder daran hängen bleibe.

Jede weitere dieser Entscheidungen treffe ich mit
mehr *Bedacht*,
mit *offeneren Augen*
und viel mehr *Verstand*,

aber eine Garantie für Liebe, Glück und mehr habe
und bekomme ich *trotzdem* nicht.

Das Gefühl meines Herzens lasse ich nie außen vor,
denn es gibt mir den **Einklang** zu meinen Gefühlen,
die mein Verstand nie benutzen wird.

Es wird immer einen dieser Momente geben,
die mir den Atem rauben,
sowohl positiv als auch negativ.

Immer wieder einen Moment,
der mich nachdenklich macht.

Einen, bei dem ich das Gefühl habe,
dass die Zeit stehen bleibt,
doch auch immer wieder einen Moment,
in dem mir klar wird, dass man nie aufgeben sollte.

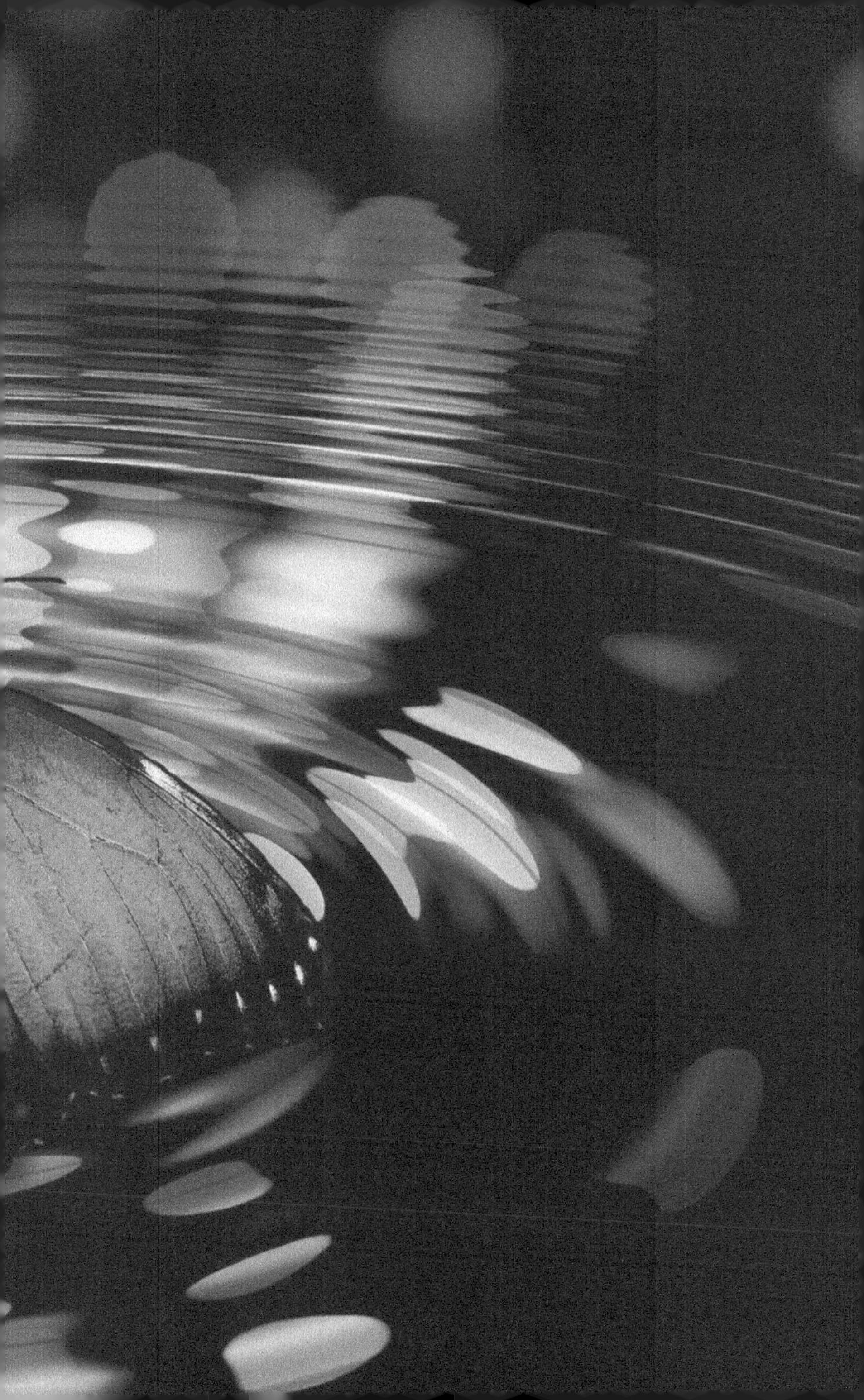

Wahre Liebe ...

Jeder von uns möchte die **wahre Liebe** erleben.

Lieben, *ohne* die ständige Angst, verletzt, verarscht oder betrogen zu werden. Sich seinen *Gefühlen* und vor allem seinem **Partner** voll und ganz hingeben zu können.

Leider ist es in der heutigen Zeit schon fast eine *Seltenheit* geworden. Und deswegen sollte jeder, der sie gefunden hat, sie ganz *festhalten* und *nie wieder loslassen*.

Folgendes sollte man dabei nie **außer Acht lassen** oder **vergessen**:

Wahre Liebe lebt von
ehrlichen *und* **tiefgründigen**
Gefühlen.

Sie bedeutet, gemeinsame Ziele und Wünsche zu haben und ist die Vorstellung, diese vereint zu realisieren.

Sie ist das Leben von *Gemeinsamkeit*.
Sie wächst in der **Wahrheit**,
durch Lügen wird sie nur *verletzt* und *zerstört*.
Sie lebt von der **Bereitschaft**,
auf seinen Stolz zu *verzichten* und dem Bedürfnis,
für den anderen **Rückhalt** zu sein.

Sie ist das Leben von *Einigkeit*.
Sie benötigt den ständigen **Respekt**
und die *Hochachtung* voreinander.
Sie bedrängt *nicht*, ändert *nicht* und sperrt auch *nicht* ein.

Sie **ist** das Leben von Freiheit.
Sie *verzichtet* darauf, den anderen zu verletzen,
auch wenn es gerade das **Leichteste** wäre.
Sie ist die Fähigkeit, mit dem anderen zu *reden*,
auch und gerade wenn es **schwer** ist.
Sie braucht *Achtsamkeit,*
Beachtung,
Aufmerksamkeit,
Fürsorge
und *Zuwendung.*
Sie verlangt, den anderen zu **akzeptieren**,
zu bewundern und den Versuch zu *verstehen.*
Sie wächst in den **gemeinsamen** Momenten,
die man miteinander erlebt oder *bewältigt.*
Sie **vergibt** kleine Fehler und auch Missgeschicke.

Sie ist das **Leben** *vom* **Leben.**

Wahre Liebe erfordert vor allem bei den Menschen *Mut*, deren Vertrauen bislang auf eine **harte Probe** gestellt wurde.

Bei Problemen fasst sie die *Hände der Partner*
und marschiert mit ihnen durch **Höhen und Tiefen.**

Zusammenhalt gibt ihr ein Gefühl
von **Sicherheit** *und* **Wärme.**

Wahre Liebe ist noch so viel *mehr*,
viel mehr als man in **Worte** schreiben könnte,
aber bei all dem hat sie immer das *Wissen*,
dass der Partner **niemals** *selbstverständlich ist.*

Sprachlose Momente ...

Und plötzlich fällt dir das Atmen **schwer**,
dein *Herz* wird ganz warm
und in deinem Kopf fängt das reinste *Chaos* an.
Eine *Achterbahnfahrt* der Gefühle und du weißt weder,
ob du im **Flugzeug**, auf einem *Pferd*
oder doch im *Polizeiwagen* sitzt.

Für einen *Moment* realisierst du einfach nichts mehr
und du würdest am liebsten aussteigen,
aber das geht nicht.

Irgendjemand
oder *irgendetwas*
steuert gerade einfach *alles* in dir.

Das Herz, der Verstand oder doch nur eine Illusion?
**Im nächsten Moment nimmt es dich ein,
und du atmest tief durch,**
ehe du anfängst, darüber nachzudenken.
Doch auch danach kommst du zu keinem Ergebnis.

Es folgt eine weitere **Frage** in deinem *Leben*,
auf die du keine *Antwort* bekommen hast.
Zumindest ist es scheinbar nicht an der Zeit,
zu verstehen oder zu sehen,
was dieses Etwas dir sagen wollte.

Oft ist es das *Herz*, das Impulse schlägt,
die der Verstand nie *wahrnehmen* und **verstehen** wird.

Das dir Gefühle zeigt, die dir zu jenem Zeitpunkt unbekannt
sind, *und so schreite ich in die nächste unbekannte Reise,*

die sich nennt das Leben ...

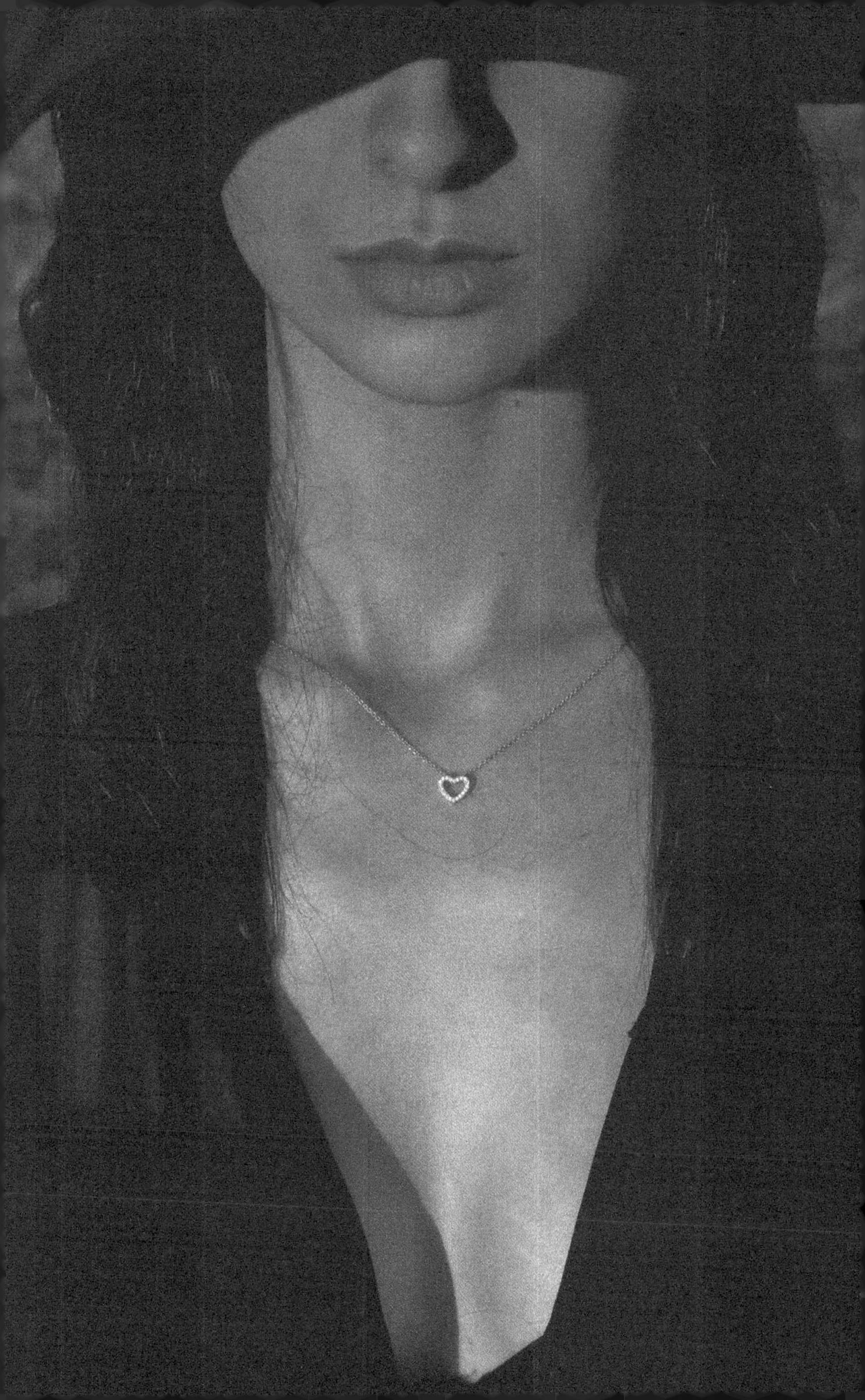

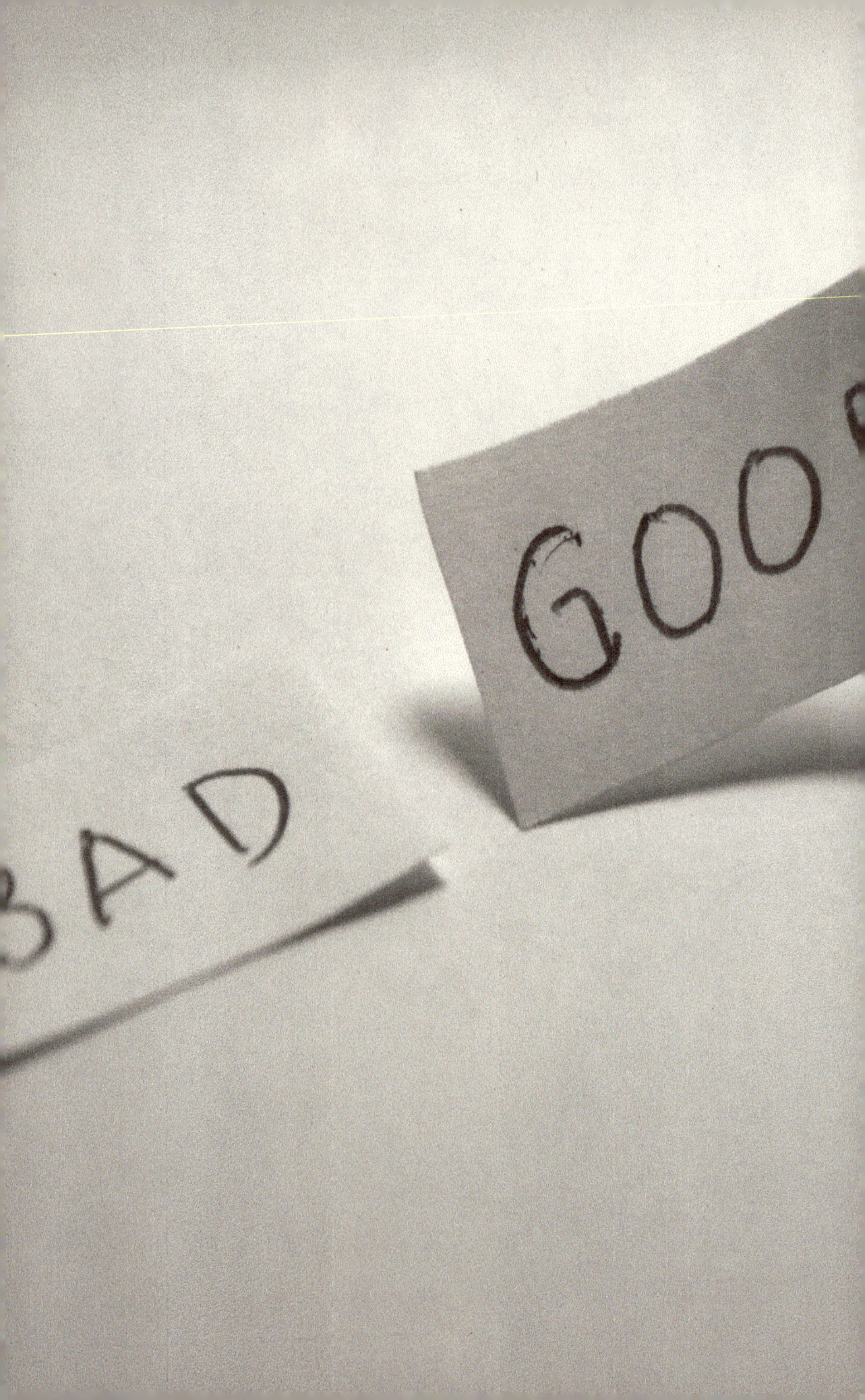
BAD

Das Erkennen des Guten ...

Manchmal müssen wir Dinge im Leben tun,
die nicht immer ganz einfach sind.

Wir müssen ...

Entscheidungen treffen,
die unser ganzes Leben beeinflussen.
Oft *Fehler machen,*
damit wir den Unterschied
zwischen **Richtig** und **Falsch** erkennen.

Hinfallen, damit wir erkennen, wie schön es ist aufzustehen.
Etwas verlieren, damit wir wieder wertschätzen.
Weinen, damit wir wissen, wie schön das Lächeln ist.
Krank werden, damit wir wissen, wie schön Gesundheit ist.

Es ist nicht immer *leicht,*
aus all dem *Schlechten,*
das *Gute* zu ziehen
und Gutes zu *erkennen,*
aber manchmal ist es *notwendig,*
damit wir wieder *sehen* und *lernen,*
dass es uns eigentlich *gut* geht.

Damit wir lernen zu schätzen,
statt zu verachten.

Zu lieben,
statt zu hassen,
und zu leben,
statt aufzugeben.

Die Macht der Worte ...

*Wenn man ein Versprechen nicht halten kann,
sollte man keines machen, nur weil es sich schön anhört.*

Man sollte **keinen Menschen im falschen Glauben lassen** und ihm **falsche Hoffnungen machen.**

Denn alles was man sich wünscht, ist doch,
dass man ehrlich und fair behandelt wird.

Doch wenn ich *Ehrlichkeit, Treue* und noch *so vieles mehr* erwarte, muss ich selbst bereit sein, diese zu geben.

Ich kann nicht erwarten, dass ich all das bekomme,
ohne selbst zu geben.

Denn im Leben heißt es zu nehmen, aber auch zu geben!

Wir leben in einer Welt, in der nur noch wenige etwas für **Ehrlichkeit und Treue** übrig haben.

Sie *belügen* andere,
sie *belügen* ihre Engsten
und vergessen dabei,
dass sie sich selbst auch belügen.

Worte sind meist schneller gesprochen als gedacht
und vor allem immer leichter gesagt als umgesetzt,
**aber sie sind auch der Anfang vieler Taten,
Hoffnungen und des Lebens.**

Mit bestimmten **Worten** verbinden wir oft

Tränen,
Schmerz,
Hass,
Pech

und all das, was uns an **schlechte Erlebnisse**
und Erfahrungen erinnert.

Diese sollten uns eine Lehre sein.

Mit anderen **Worten** wiederum verbinden wir

Glück,
Hoffnung,
Liebe

und all das, was uns an **schöne Erlebnisse**
und Erfahrungen im Leben erinnert.

Das sind Worte, die wir im Herzen wahren
und nie wieder vergessen sollten ...

Zwischen Herz und Verstand ...

Es beginnt ein Kampf zwischen Herz und Verstand.

Mittendrin stehe ich und weiß weder ein noch aus.
Ich stehe vor einer riesigen *Mauer*, geschaffen von mir
selbst oder von Menschen, die nach *Schutz* suchen.

Vielleicht sind es aber auch zwei **Mauern**,
bei denen sich zwei Menschen gegenüber stehen,
die Ähnliches *gefühlt* und *erlebt* haben.

So viele Fragen, die mich *beschäftigen*,
so viele Fragen, deren Antworten so *unbegreiflich* scheinen
oder nicht einmal entdeckt wurden.

Die **Sehnsucht** fließt ein, das **Herz** schlägt wild,
und alle Gedanken und Gefühle kreisen im *Nirgendwo*.

So *frei* und doch **gefangen** stehe ich hier und bemerke,
dass es vielen genauso geht wie mir.

Sie sind gefangen in ihren Gedanken, *gefangen in ihren
Gefühlen*, und sie suchen ebenfalls die **Antworten**, die
uns eines Tages gegeben werden oder enthalten bleiben.

**Ich reiße die Mauern ein,
ein Stück bleibt wohl noch bestehen.**

Es dient wahrscheinlich meiner Sicherheit
und den Erfahrungen, die ich gemacht habe.

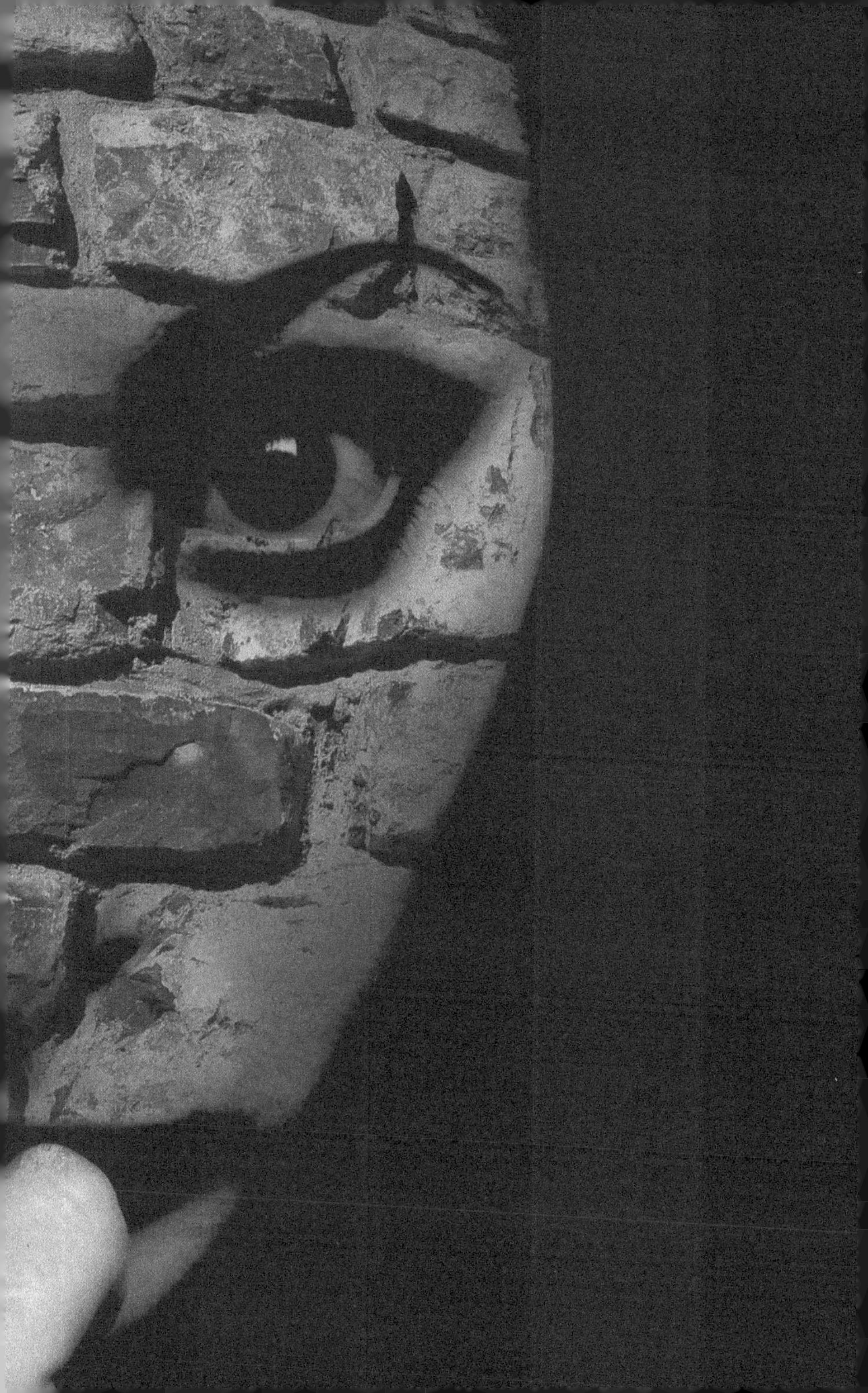

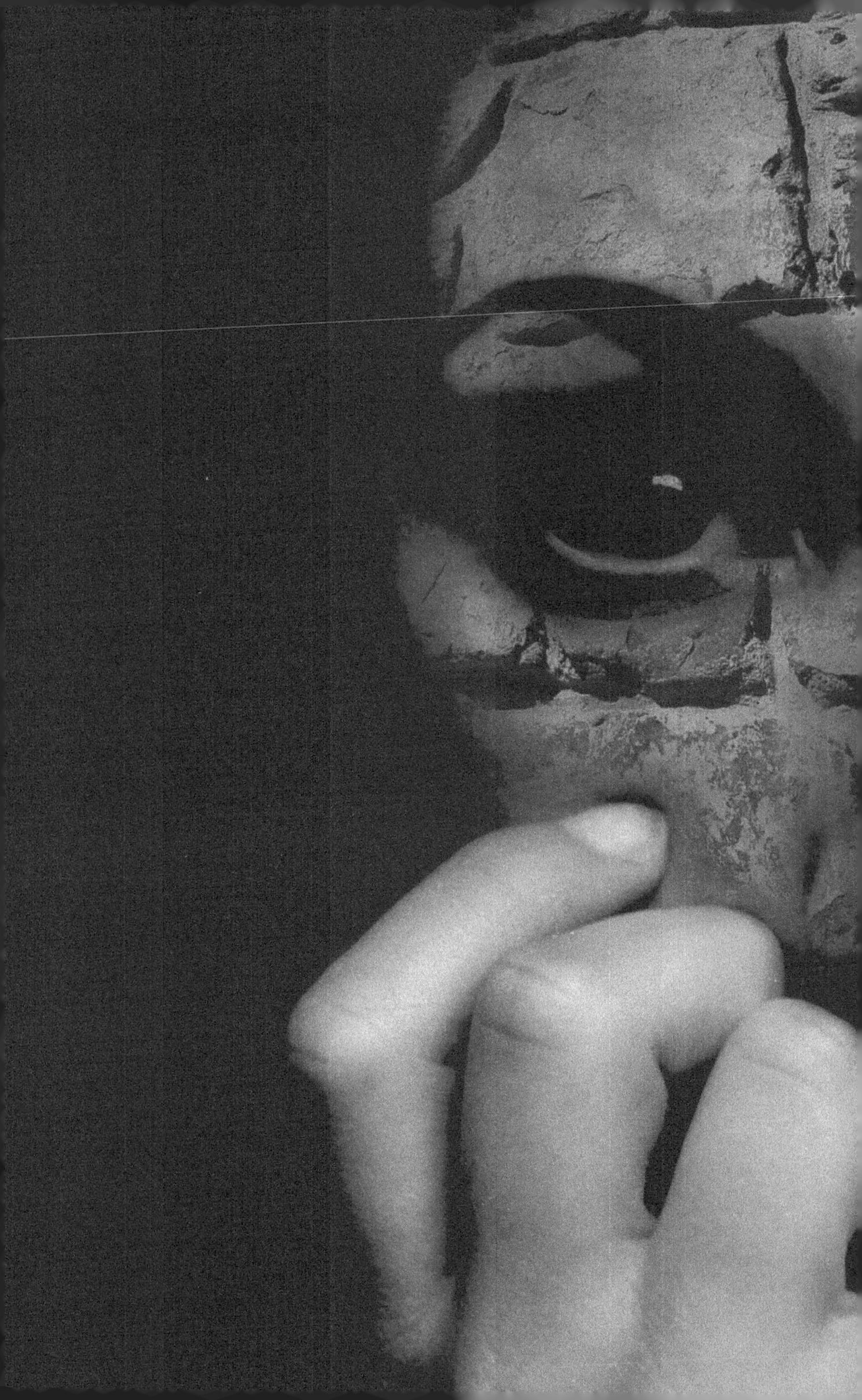

Ich habe aber den Großteil **durchbrochen**
und bin somit offen für

neue Wege,
neue Menschen,
**neue Gedanken
und neue Gefühle**,
und ich bin bereit,
mich jeden Tag
neu zu finden.

Ich habe aufgehört, *im Nirgendwo zu kreisen*, und habe die Mauern **selbst** durchbrochen, denn oft sind es gerade diese Mauern, die uns daran *hindern*, glücklich zu werden.

Es ist nicht wichtig, wie man diese Mauern umgeht.
Es ist auch nicht wichtig,
ob man sie nun durchbricht oder über sie steigt.

Wichtig ist nur zu wissen, dass es weitergeht
und immer weitergehen muss!

*Ich wünsche jedem,
dass er seinen Weg findet.*

Vergessene Werte und Normen ...

Immer mehr *Oberflächlichkeit* und stattdessen weniger
Intensität, *Sinnigkeit* und *Gefühle*.
Und daher fliegt die Liebe davon,
die wir schreiben in **Gemeinsamkeit**.

Gefühle zu zeigen wird als *Schwäche* bezeichnet.
Kälte wird zum *Schutz* benutzt.
Und deswegen fliegt die Liebe davon,
die wir schreiben in **Erinnerung**.

Es wird der *schwere* Weg gewählt, statt der *einfache*.
Lieber wird ein **Umweg** gemacht, statt *geradeaus* zu laufen.
Und deswegen fliegt die Liebe davon,
die wir schreiben in **Zweisamkeit**.

Es wird lieber *weggeschmissen*, statt *repariert*.
Lieber *ignoriert*, statt sich zu *melden*.
Und daher fliegt die Liebe davon,
die wir schreiben in **Ewigkeit**.

Es wird lieber *gestritten* und *stur* geblieben,
statt sich zu *entschuldigen* und wieder *zusammen* zu sein.
Und deswegen fliegt die Liebe davon,
die wir schreiben in **Herrlichkeit**.

Es wird lieber *gehasst*, statt zu *lieben*
und lieber *versteckt*, als zu *offenbaren*.
Und deswegen fliegt die Liebe davon,
die wir schreiben in **Ehrlichkeit**.
    Es ist leichter, sich in die *Oberflächlichkeit* und das

Aussehen eines anderen Menschen zu verlieben als in seine **Persönlichkeit** und in seinen **Charakter**.

Werte und Normen,
die einst existierten,
sind fast ausgestorben
und stellen eine *Rarität*
in der heutigen Zeit dar.

Dazu zählen wir Männer genau wie Frauen.

Und deswegen fliegt die Liebe davon,
die wir schreiben in **Gefühle und Leben**.

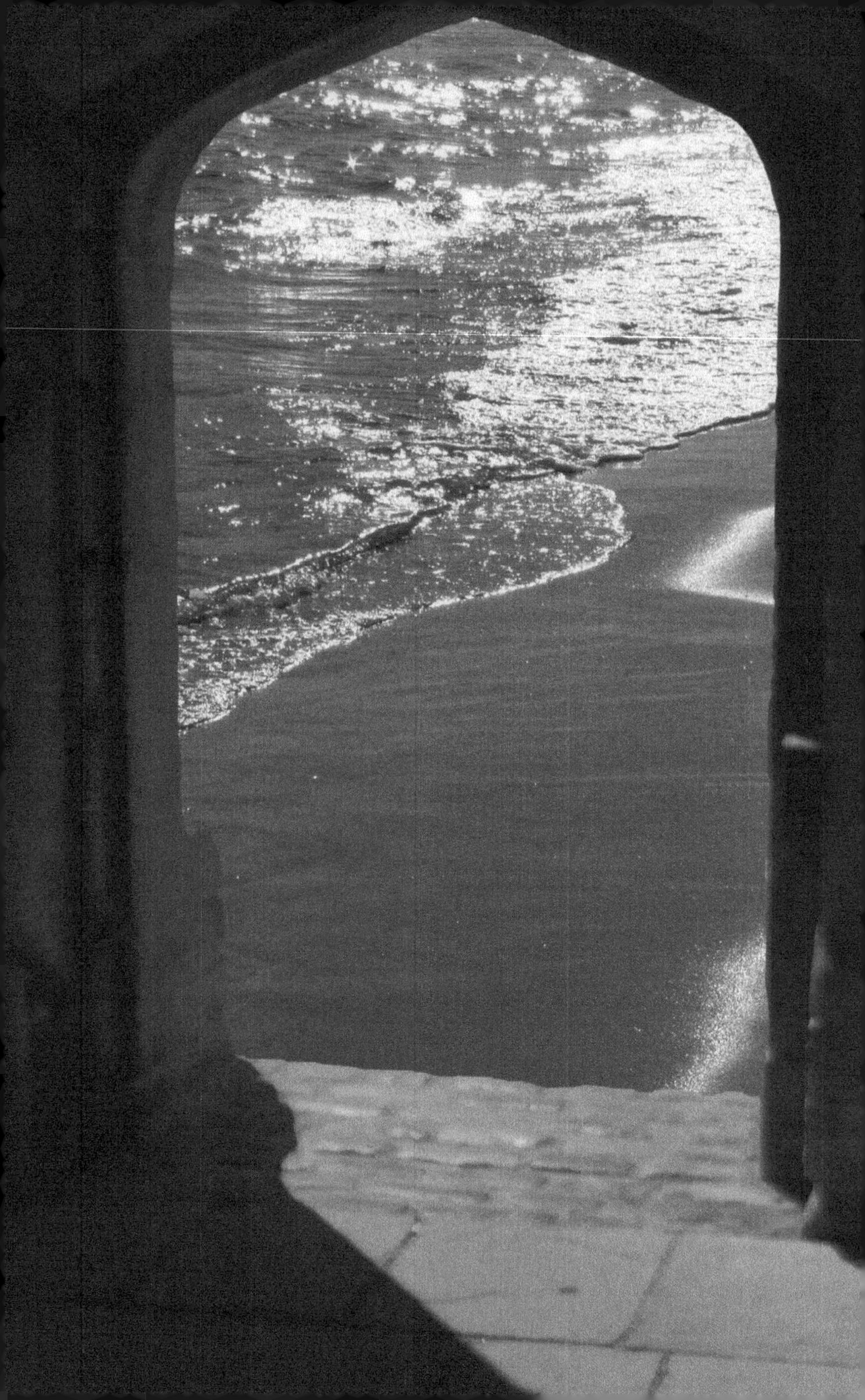

Sei es ...

Wenn dir der *Weg offen steht*,
glücklich zu sein,
erfolgreich zu sein
und sich **frei** zu fühlen,
dann halte an dem **fest**,
was dich mit dem Gefühl **verbindet**.

Starre nicht auf verschlossene Türen, während dir einige
offen stehen, die dich dort hinbringen, wo du *hinwillst*.
Bleibe nicht genau auf diesem vorgezeichneten Weg,
sondern lasse ab davon.

Es ist nicht dein Schicksal,
die Puppe oder Marionette anderer zu sein,
sondern dein Leben,
selbst in die Hand zu nehmen!

Wenn du die Möglichkeit hast, erfolgreich zu sein,
dann sei es.

Wenn du die Möglichkeit hast, glücklich zu sein,
dann sei es.

Wenn du die Möglichkeit hast, frei zu sein,
dann sei es.

Und wenn du die Möglichkeit hast zu leben,
dann lebe auch, **so wie du es willst
und es gut für dich ist.**

Warum ...

Oft frage ich mich, **warum** ich gewisse Dinge erlebe und gewisse Gefühle habe.
Warum ich mir über gewisse Menschen Gedanken mache, und **warum** es nicht einfach leichter oder manchmal anders sein könnte.
Vor allem aber frage ich mich, **warum** so vieles auf der Welt unverständlich ist und es scheinbar auch bleibt.

Warum, warum und **warum**?!

Verdammt, ich finde keinen Knopf, mit dem ich gewisse Ansichten, Gedanken und Gefühle ausschalten kann. Ich habe auch keine Fernbedienung oder Anleitung für das Leben, **aber ich habe meine Erfahrung, meinen Verstand und auch mein Herz.**

Oftmals streiten sich mein Verstand und mein Herz, und was sich daraus ergibt ist neue Erfahrung.
Jeder noch so kleine Schritt, jeder Schlag meines Herzens und auch jeder Gedanke und jedes Gefühl könnten eine Antwort zu einer dieser »**Warum-Fragen**« sein.

So folge ich bedächtig meinem Verstand und meinem Herzen, ich versuche, sie in Einklang zu bringen, um mich selbst immer wieder neu zu entdecken.

Auch deren Streit folge ich mit Bedacht, denn auch dieses lässt mich manchmal *sehen*, *fühlen* und auch *leben*.

So frage ich mich ein letztes Mal: »**Warum?!**«

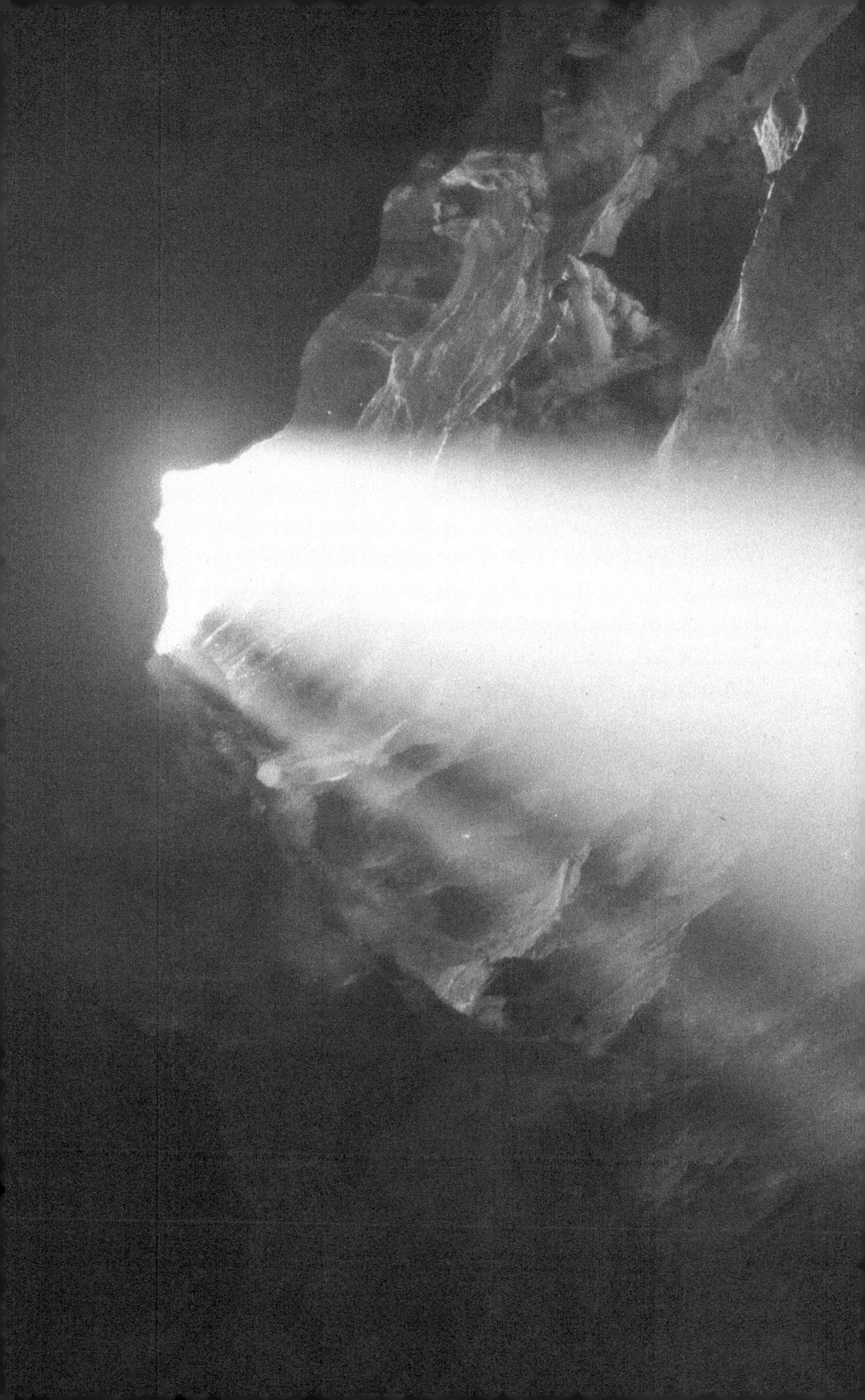

Eigenschaft der Starken ...

Immer wieder versuchen wir, unsere Tränen zu verstecken, **aber warum?**

Warum darf uns keiner verletzt oder traurig sehen?

Weil wir *Angst* haben.
Angst davor, dass jemand in unsere *Seele* schaut und uns die *Wahrheit*, die wir das ganze Leben lang versucht haben zu verheimlichen, ins Gesicht schreit.

Wir setzen **Masken** auf und machen es im Grunde wie ein Clown. Wir setzen ein **Lächeln** auf, um die Tränen und den Schmerz zu verstecken.

Wir ziehen uns zurück und schaffen eine **eigene Welt**.
Voller Kälte, voller Dunkelheit und noch mehr Schmerz.

Gedanken und Gefühle quälen Seele und Herz.
Es schreit in dir, es bebt in dir
und doch ertönt nach außen **kein** Klang.

Ein unheimlicher **Drang** und doch fehlt jeglicher **Fang**. Keine **Kraft** und kein **Halt**. Stattdessen setzen wir ein Lächeln auf und gehen raus in die *Stadt*, raus um zu *feiern*, zu *shoppen* und noch so *vieles* mehr.

Sie sitzt einfach perfekt diese Maske und nur die wenigsten blicken dahinter und erkennen, wie dein Herz leidet, **sehen, wie du leidest.**

*Eine Welt,
ein Raum
oder ein Ort,
den du selbst
erschaffen hast.*

                          Erschaffen, um **Zuflucht** zu finden,
                               um die *Tränen* zu trocknen,
                                um das *Herz* zu trösten
                           und wieder *Kraft* zu schöpfen.

          Du bist es, der den Weg dorthin kennt,
und auch du bist es, der den Weg **zurück** kennt.

Wenn du dich also *entschieden* hast,
den Weg *allein* zu gehen,
wird es *schwer* sein,
dich von jemandem
zurückführen zu lassen.

                    Hattest du das **Glück**, geführt zu werden,
                             so halte diese Hand ganz **fest**.

Ich finde es schön und vor allem **wichtig**,
Gefühle zu zeigen, denn nicht immer gelingt es
den Menschen, die dich lieben, **all** das in dir zu sehen.

**Gefühle zu zeigen, ist keine Schwäche,
Gefühle zu zeigen, ist die Eigenschaft der Starken!**

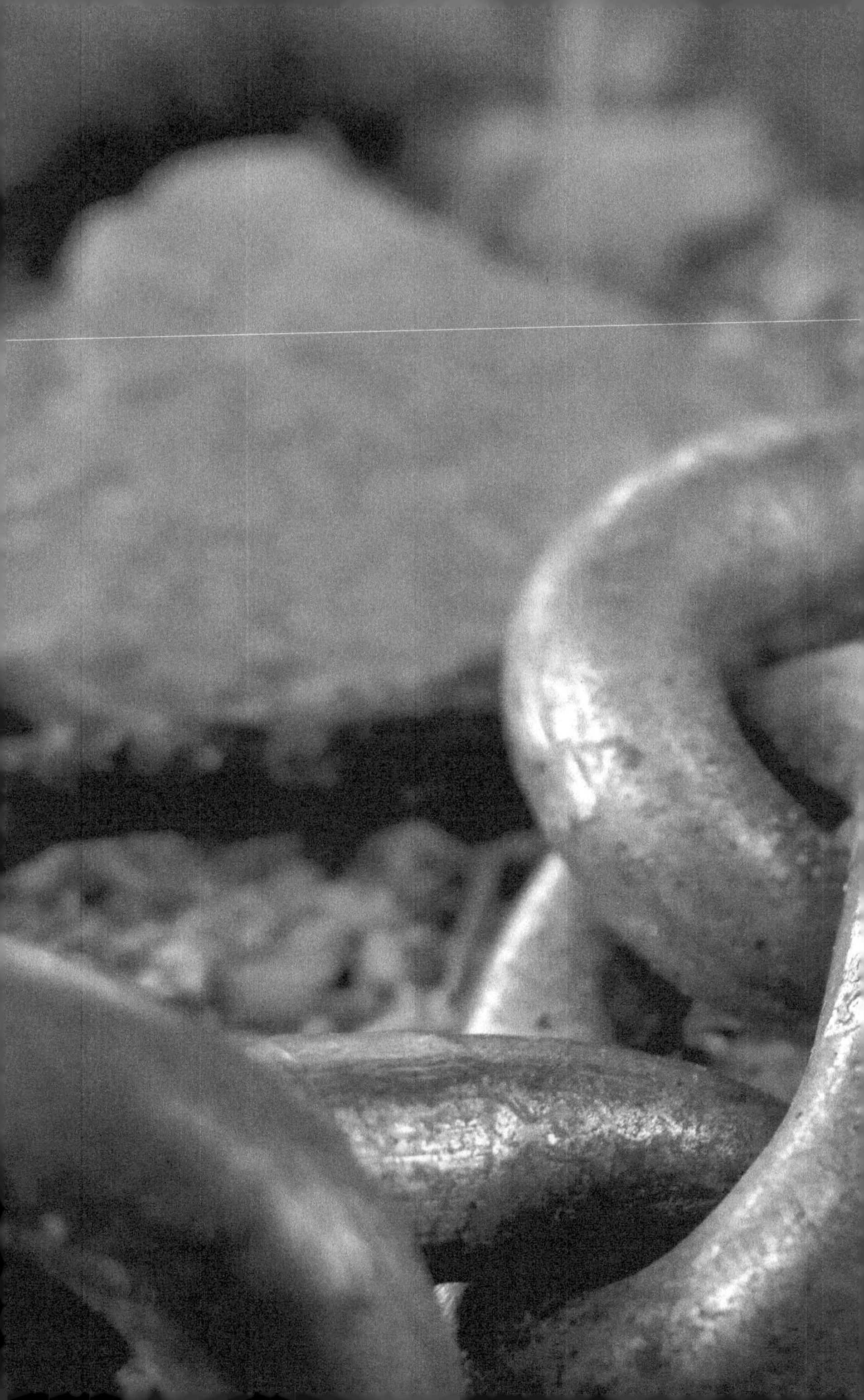

Mittendrin ...

Erneut stelle ich mich dem **Kampf meiner Gedanken und Gefühle**. Dem alltäglichen Kampf zwischen *Herz* und *Verstand*, *Wahrheit* und *Lüge*, *Schein* und *Sein*, und zwischen *Liebe* und *Leben*.

Mittendrin – ja, dort stehe ich.

Gefesselt von *Gedanken und Gefühlen* drehe ich mich im Kreis. Ich trage **schwere Ketten**, habe viele **Steine** vor mir.

Der Weg ist düster, dunkel und kalt. Ich bleibe stehen, schaue mir meine Umgebung nochmal tiefgründig an und stelle fest, dass es den Inhalt meines Lebens widerspiegelt.

Ich stelle fest, dass ich mir die Ketten *selbst angelegt* und ebenso *viele Steine* selbst in den Weg gelegt habe.
Nicht zu übersehen sind die großen Felsstücke, mit denen ich Menschen anscheinend geholfen habe, sie mir in den Weg zu legen.

Die Steine und Ketten sind das Resultat einer von uns angenommenen Wahrheit, die sich aber als Lüge erweist.

Sie entstehen daraus, dass der »Schein« mancher **Menschen größer als das »Sein«** war und wir gewissen Menschen mit mehr Liebe und Vertrauen begegnet sind, als es scheinbar gut war.

**Es sind Lektionen des Lebens,
die uns öfter teuer zu stehen kommen.**

So sind wir oft gezwungen, all diese Steine selbst beiseite zu räumen.

Aber *in manchen Momenten gibt es auch wieder Menschen*, die uns dabei **helfen und unterstützen**, all diese Steine wegzuräumen und uns helfen, die Ketten abzulegen.

Einfach nur, weil sie uns frei sehen wollen und uns lieben.

So bedenke stets, dass es immer wieder einen Menschen geben wird, der versuchen wird, dir Steine in den Weg zu legen.

**Doch auch immer einen,
der dir hilft, diese beiseite zu räumen.**

Letzten Endes kann ich nur sagen:

Wir sollten uns nicht lustig über Menschen machen, die wir *belügen* konnten. Sie sind **keine Idioten**, sie haben uns nur mehr Vertrauen geschenkt, als wir verdient gehabt hätten.

Deshalb schätzt, ehrt und **liebt jene**,
die euch **helfen** und *an eurer Seite stehen!*

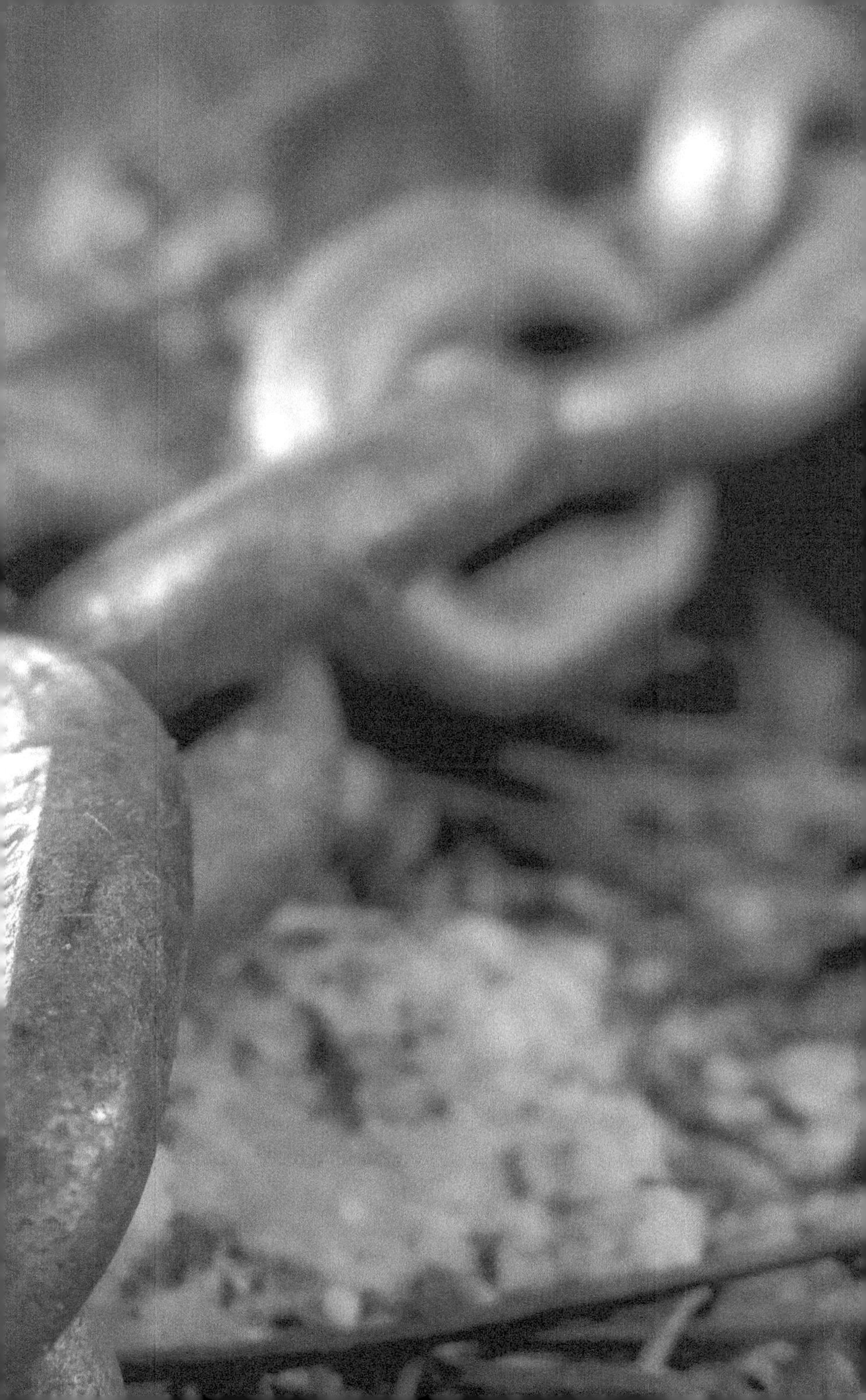

Bewunderung ...

Ich **bewundere** Menschen,
die aus den *Schmerzen* ihres Herzens
immer wieder *neue Kraft und Energie* schöpfen können.

Bewundere Menschen,
die aus den **Tiefen ihrer Seele**
immer wieder an der *Hoffnung festhalten*
und *an das Gute glauben*.

Bewundere Menschen,
die an etwas *glauben* und für etwas *kämpfen*,
was beinahe verloren ist.

Sie sind der **Beweis** für *Mut und Hoffnung*,
der **Beweis** für *Stärke und Ausdauer*,
der **Beweis** für *Liebe und Leben*.
Und auch der **Beweis** dafür,
dass es immer irgendwo *einen Menschen* gibt,
der dir eine *Hand reicht*,
dir ein Ohr zum *Zuhören* schenkt,
eine *Schulter zum Anlehnen*
und ein *Stück Liebe zum Leben*.

Bewunderung?

Ja, meine bekommen sie gewiss ...

In einer Welt ...

*In einer Welt
zwischen Schein und Sein,
Lügen und Betrügen,
Hass und Schmerz,
Liebe und Leben
suchen wir oft
ein Stück Wahrheit und Klarheit.*

Gefesselt von *Erinnerungen* und *Gefühlen*,
Vergangenheit und **Gegenwart** suchen,
warten und streben wir nach der **Zukunft**.

Voller **Hoffnung** und **Mut**
stehen wir immer wieder auf
und suchen nach *Antworten*.
Schöpfen *Kraft* aus unbekannten **Quellen**
und suchen nach den *Strahlen der Sonne*.
Nach Händen, die uns **begleiten**,
Augen, die uns *erfüllen*
und Menschen, die uns **lieben**.

In einer Welt voller **Liebe** und **Leben**,
Wahrheit und Klarheit
wünsche ich jedem zu **leben** ...

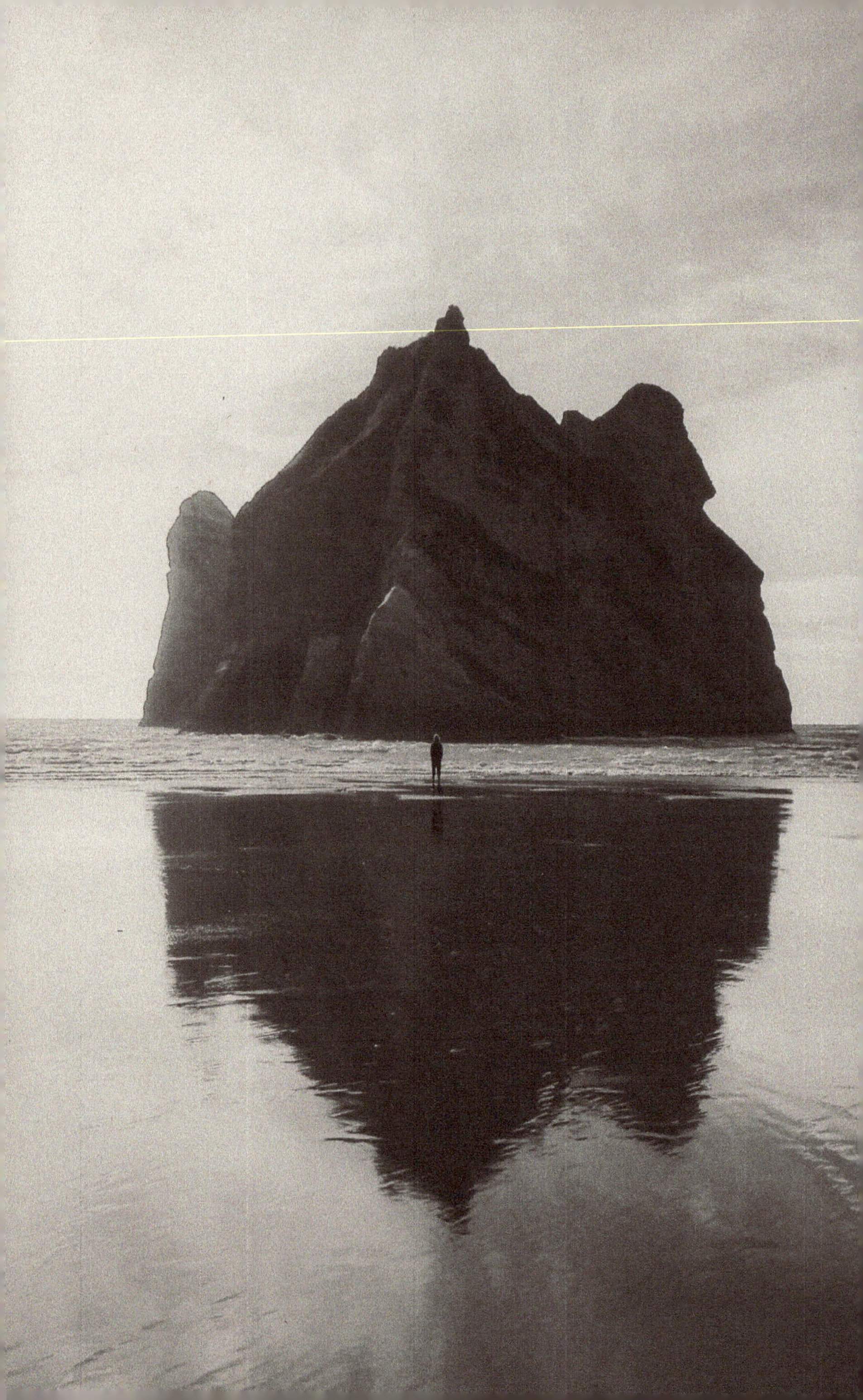

Einsamkeit ...

Die Einsamkeit ist eines der Gefühle,
das sicherlich *JEDER* von uns kennt.

Spüren, fühlen, leben und manchmal ein wenig *sterben*,
das sind nur einige von den *Gefühlen*,
die uns in der **Einsamkeit** begleiten.

*Es ist die Zeit, in der wir am meisten nachdenken,
und uns so viele Dinge bewusster und klarer vor Augen werden.*

*Die Zeit, in der wir sehen, wer wirklich für uns da ist
und auch die Zeit, in der wir uns selbst auf die Probe stellen.*

Grausam, dunkel und meist mit Tränen verbunden,
begleitet sie uns durch unser Leben.
Ein Gefühl der Kälte, ein Gefühl von Schmerz
und so vieles mehr, was mit Worten nicht zu beschreiben ist.

Doch in all dieser Zeit, lass dich leiten von **Händen**,
die dich halten, von **Herzen**, die dich begleiten und vor
allem von **Menschen**, die dich *lieben*, denn diese würden
es *niemals* zulassen, dass du einsam bist.

Menschen, die deine Tränen in ein Lächeln verwandeln,
Menschen, die aus Einsamkeit Zweisamkeit machen, und
Menschen, durch deren Liebe du diese Einsamkeit

niemals verspüren wirst.

All das ...

All das, was ich Selbstverständlichkeit nenne, ist *all das*, wovon heutzutage leider nur noch wenig vorhanden ist.

All das, was ich Liebe nenne, ist *all das*, wovon die meisten nicht mal einen kleinen Schimmer haben oder besitzen.

All das, was ich Leben nenne, ist *all das*, wonach sich mein Herz sehnt, wofür mein Herz schlägt, wovon ich träume, wofür ich stehe und wer ich bin.

Ich schaue nach vorne, *lerne* aus meinem Gestern, lebe *heute*, aber vergesse nicht das *Morgen* und die *Zukunft*.
Ich stehe *aufrecht*, stehe *stark* und vor allem stehe ich zu mir *selbst*. Ich **hasse** Lügen, **liebe** die Offenheit und die Ehrlichkeit und **weiß**, wer ich bin.

Ich bin das *Leben meiner Gedanken*,
das Leben meiner Taten und das Leben in mir selbst.

Wir sollten lernen, *zu uns selbst zu stehen*, sollten lernen, dass man **nie** genug Liebe geben und bekommen kann, sollten lernen, *uns die Hände zu reichen*, und vor allem sollten wir lernen zu **leben**.

Wir sollten **all dem** ein kleines Stück näher kommen, zumindest für die Menschen, die wir **lieben**, *und auch für uns selbst.*

Ich wünsche wirklich jedem, dass er sich selbst findet.

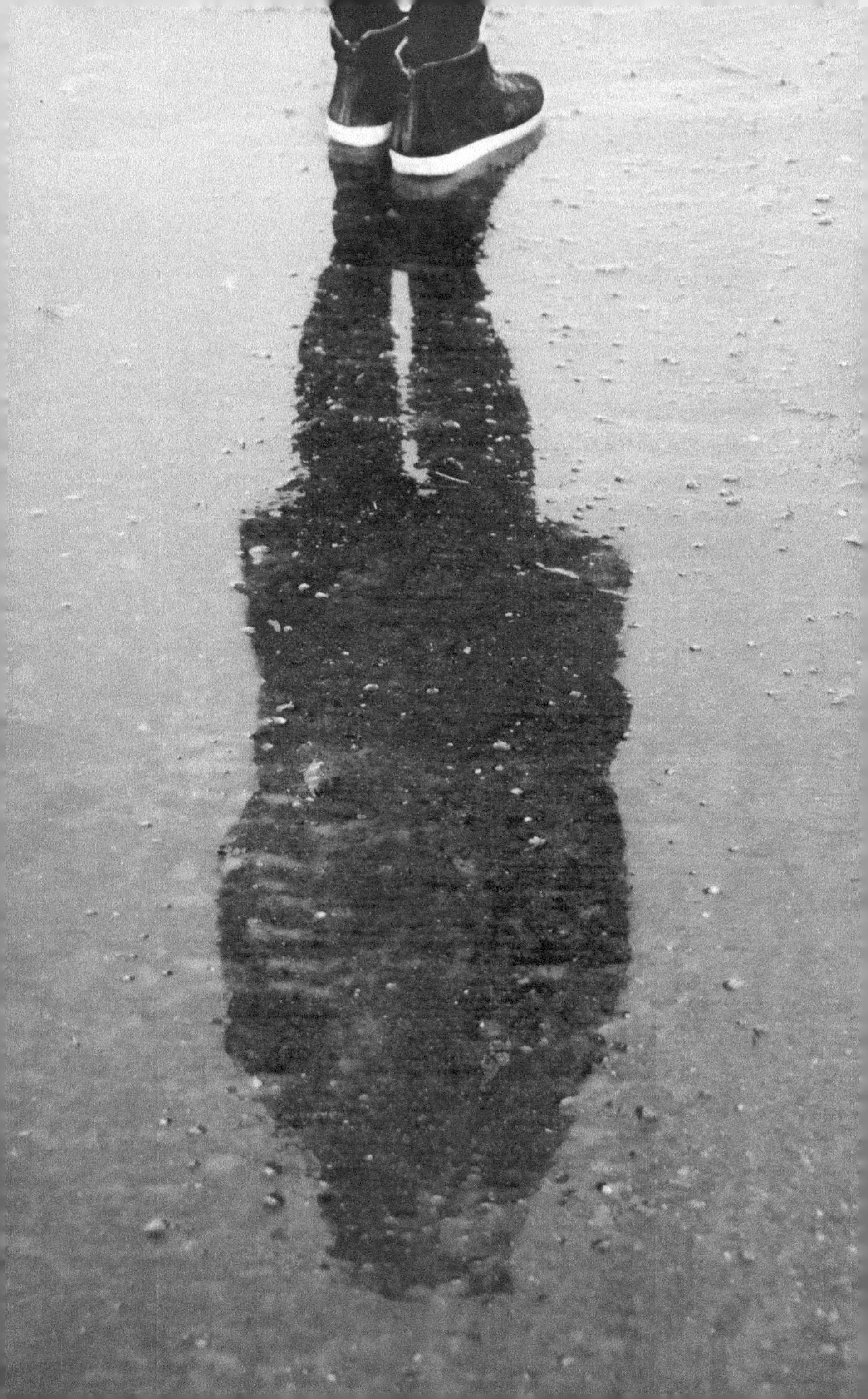

Momente des Lebens ...

Es gibt **Momente**, in denen man die Zeit vergisst,
am Ende doch den Tag vermisst.
Momente, die man nicht vergisst,
weil man sonst den Augenblick vermisst.
Momente, die Enttäuschungen heißen,
ganz üblich, dass sie uns das Herz zerreißen.
Momente, in denen man nichts sieht,
außer wie die eigene Welt zusammenbricht.
Momente, die das Herz brechen lassen,
verdammt, man fängt an zu hassen.
Momente, da wird die Liebe dich lenken,
sie werden dir helfen, dein Herz neu zu verschenken.
Momente, da reist man ziellos umher.
Momente, in denen spürt man nur Sonne im Herzen,
doch selbst diese werden manchmal
überschattet von Schmerzen.

Jeder kennt diese Reisen,
man fühlt sich verlassen,
einsam und leer.

Momente, in denen man so vieles sagt
und doch eigentlich lieber schweigen sollte.
Momente, in denen man sehr lange schweigt
und doch so vieles sagen sollte.
Momente des Verlustes, aber auch des Gewinns.
Momente des Hasses, aber auch der Liebe.
Momente des Todes, aber auch des Lebens.

So schreibt jeder **Moment** in unserem Leben oft sein eigenes Kapitel und wir vergessen leider oft wie wertvoll jeder einzelne von ihnen ist.

Wir blättern unbewusst eine Seite weiter und erinnern uns erst wieder daran, wenn das Herz signalisiert, dass eine zu erlöschen drohende Flamme plötzlich wieder zu einem Feuerwerk in uns wird.

Momente werden zu Erinnerungen und die Erinnerungen werden beinahe zur Realität.

Es beginnt das Gedankenspiel der Fantasie in uns und ehe das Feuerwerk wieder zu einer in uns kleinen brennenden Flamme wird, sticht das Herz und signalisiert erneut dass Vergangenes oft vergangen ist und bleibt.

Es sind die **Momente** in unserem Leben, die das Leben schreiben. Sowohl die positiven als auch die negativen. Es sind die **Momente**, in denen wir realisieren, was wir vermissen, was uns glücklich macht, was und wen wir lieben, wie es uns geht, wie wir fühlen oder denken und so vieles mehr.

Es sind die **Momente**, die beschriebene, aber auch unbeschriebene Blätter unserer Kapitel zum Leben erwecken und es sind die **Momente**, die uns den Atem rauben und uns zeigen, wofür wir leben, atmen und sterben.

Ja, es sind die **Momente** …

Zeiten der Stille ...

Es gibt die Zeit,
in der ich mir *einen Menschen wünsche,*
der mich wortlos versteht, keine Fragen stellt
und mich einfach nur in den Arm nimmt.

Manchmal aber auch die Zeit,
in der man einfach allein sein möchte,
seine Gedanken sortieren will
und Zeit für sich selbst braucht.

Zeiten der Stille erleben wir meist in Zusammenhang
mit traurigen und schmerzhaften Erfahrungen
unseres Lebens.

Denn meist sind es gerade diese Momente,
die uns den *Atem* rauben,
uns die *Nächte* rauben,
uns die *Kräfte* rauben
und uns einen *Stein* auf unseren Weg
in Richtung **Zukunft** und **Glück** legen
und diesen somit versperren.

Die Größe der Steine,
oder der daraus erbauten Mauer,
summiert sich aus der Intensität der Gefühle
und dem Befinden unseres Selbst.

Oftmals stehen wir vor solchen Steinen,
vor solchen Mauern und verlieren die Kraft.

Verlieren jegliche **Hoffnung** und **Glauben**.
Doch umso öfter müssen wir *die Steine beiseite tragen,*
die Mauern brechen und *unseren Weg fortsetzen.*

Wir sollten für das kämpfen,
wofür es sich zu kämpfen lohnt,
an unseren Träumen festhalten,
neue Energie schöpfen
und den Glauben an uns selbst **nie** *verlieren.*

Lass dich nicht unterkriegen und verbiegen,
lass dich nicht besiegen von jenen,
die meinen sie hätten leichtes Spiel mit dir.

Und vor allem **lebe deine Träume,**
stehe zu dir selbst und
glaube stets an das, was du tust.

Zeiten der Stille?

Bleibe nicht in ihnen stehen,
sondern lerne, liebe und vor allem LEBE ...

Karussell der Gefühle ...

Erinnert ihr euch noch daran, wie sehr wir uns als kleine Kinder immer **freuten**, wenn unsere Eltern uns im **Karussell** haben *mitfahren lassen*?

Ein großes **Lächeln** im Gesicht und eine riesige Freude in uns, egal ob man im *Flugzeug* flog, aufs *Motorrad* stieg oder auf einem *Pferd* ritt.

Alles war toll und für ein paar Minuten drehte sich die Welt für uns ganz anders.
Die Gefühle kreisten *voller Glück* und man hat sich gewünscht, *dass die kleine Reise niemals ein Ende nimmt.*

Ein **Karussell**, das uns immer und immer wieder *glücklich machte*, egal wie oft wir auch **fuhren**, **ritten** oder **flogen**.
Irgendwann wurden wir dann »*größer*« und aus dem **Karussell des Glücks und der Freude** *wurde das Karussell der Gefühle.*

Doch die Fahrt und die Reise in diesem **Karussell**, *das wir nennen Leben*, ist nicht immer einfach und schön.
Ist die Reise **schön**, so wünschen wir uns, sie wäre *endlos*.
Aber ist die Reise *tragisch*, *schmerzhaft* oder *unglücklich*, so wünschen wir uns, wir könnten einfach irgendwo **aussteigen und neu anfangen**.

Oft hat man den Hebel *fest in der Hand*, aber kann ihn aus diesem oder jenem Grund nicht ziehen. Aus Gefühlen werden Schmerzen, aus **Schmerzen werden Narben**.

Die Reise kommt auch oft anders als erwartet oder erhofft, *aber das sollte uns nicht immer direkt daran hindern,* die Reise fortzuführen.

Reisen wenden sich, **Reisen ändern sich** und oft ist es nur ein *kleiner* Stromausfall, der diese Reise unterbricht.

Kein Grund immer direkt auszusteigen.

Und auch wenn ich nicht immer das **Lenkrad** meines Autos, die **Zügel** meines Pferdes oder den **Hebel** meines Flugzeugs in der Hand hielt, hat mich **jede** Reise *schließlich zu dem Menschen gemacht, der ich heute bin.*

Nun stehe ich wieder vor dem **Karussell** mit all meinen *Gedanken,*
Gefühlen und *Erfahrungen*
und bin jeden Tag bereit und *dankbar*
für die Fahrt, **die ich nenne mein Leben** ...

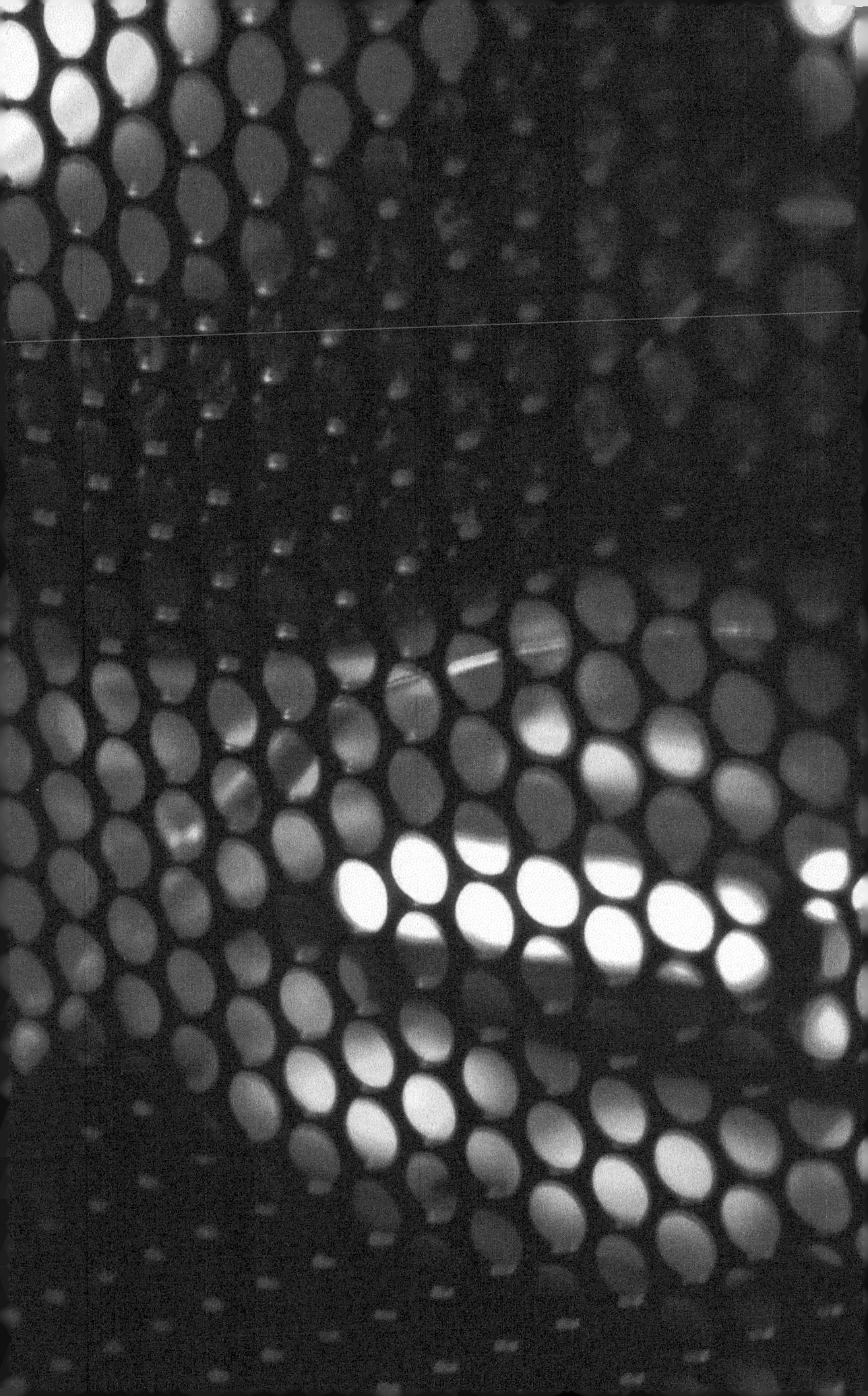

Frei oder gefangen ...

Ich habe oft diesen Moment erreicht, in dem ich dachte, es geht nicht mehr weiter, oft diesen Moment gefühlt und mir gewünscht, dass alles anders wäre.

Alles fühlte sich so schmerzhaft und fern von jedem Gefühl an, was Liebe und Leben beschrieb oder zeichnet.

Ich fühlte **Tränen** längst vergangener Momente und **Schmerzen** längst vergangener Erinnerungen.
Ich war gefangen, gefangen an einem Ort, der von Liebe und Leben nicht besiedelt war. Ich legte mich zur Ruhe, fing an, meine Gedanken und Gefühle zu sortieren und dachte wieder einmal über all das nach, was *vergangen* war.

Ja, es ist nicht immer leicht und schön im Leben, viele Schicksalsschläge reißen uns oft zu Boden, und manchmal verlieren wir in jenem Moment den Glauben an alles.

Doch blicke auch zurück und sehe dich als den Menschen an, *den Menschen, der all die Erfahrungen, Gefühle, Gedanken und noch so viel mehr hinter sich gelassen hat,* und komme zur Erkenntnis, dass du ein Mensch voller Kraft und Hoffnung bist, *ein Mensch voller Gefühle und Gedanken*, und vor allem ein Mensch voller Liebe und Leben.

Du bist die Veränderung selbst, die Weisheit und Erfahrung deines Lebens, die Liebe und Freude vieler Menschen und das Leben, das du zeichnest und schreibst. Frei oder gefangen? Ich wünsche jedem die Freiheit ...

Unser Lachen ...

Ich liebe es, Menschen lachen zu sehen.

Vor allem, wenn es Menschen meines Herzens sind, aber auch bei jedem anderen, den ich nicht kenne. Jemandem ein Lachen von Herzen zu schenken, ist eines der *schönsten* Dinge, die man tun kann. Noch schöner ist es sogar, wenn man weiß, dass man der *Grund* für das Lachen ist.

Das Lachen nach außen ist leicht, denn es ist lediglich eine Anspannung der Gesichtsmuskulatur, *aber ein Lachen, das von Herzen kommt, kann die Welt mancher Menschen und auch unsere eigene Welt verändern.*
Für manch einen ist es das Lachen seines **Kindes**, für die anderen das Lachen seiner **Eltern**, **Geschwister** oder **Freunde**.

Wir sollten nicht nur lachen, weil wir uns gezwungen fühlen, oder weil Menschen uns auf falsche Wege leiten wollen.
Wir sollten **aufhören über andere zu lachen** und sie stattdessen *auch zum Lachen bringen*. Schließlich ist das Lachen von Herzen eines der *schönsten Geschenke*.

Es gibt vielen Menschen Kraft und Liebe, selbst Menschen, von denen wir es nicht wissen oder denken würden.
Während die einen von deinem Lachen leben, würden die anderen dafür sterben.

Ein Lachen sollten wir dennoch nie vergessen:
unser eigenes ...

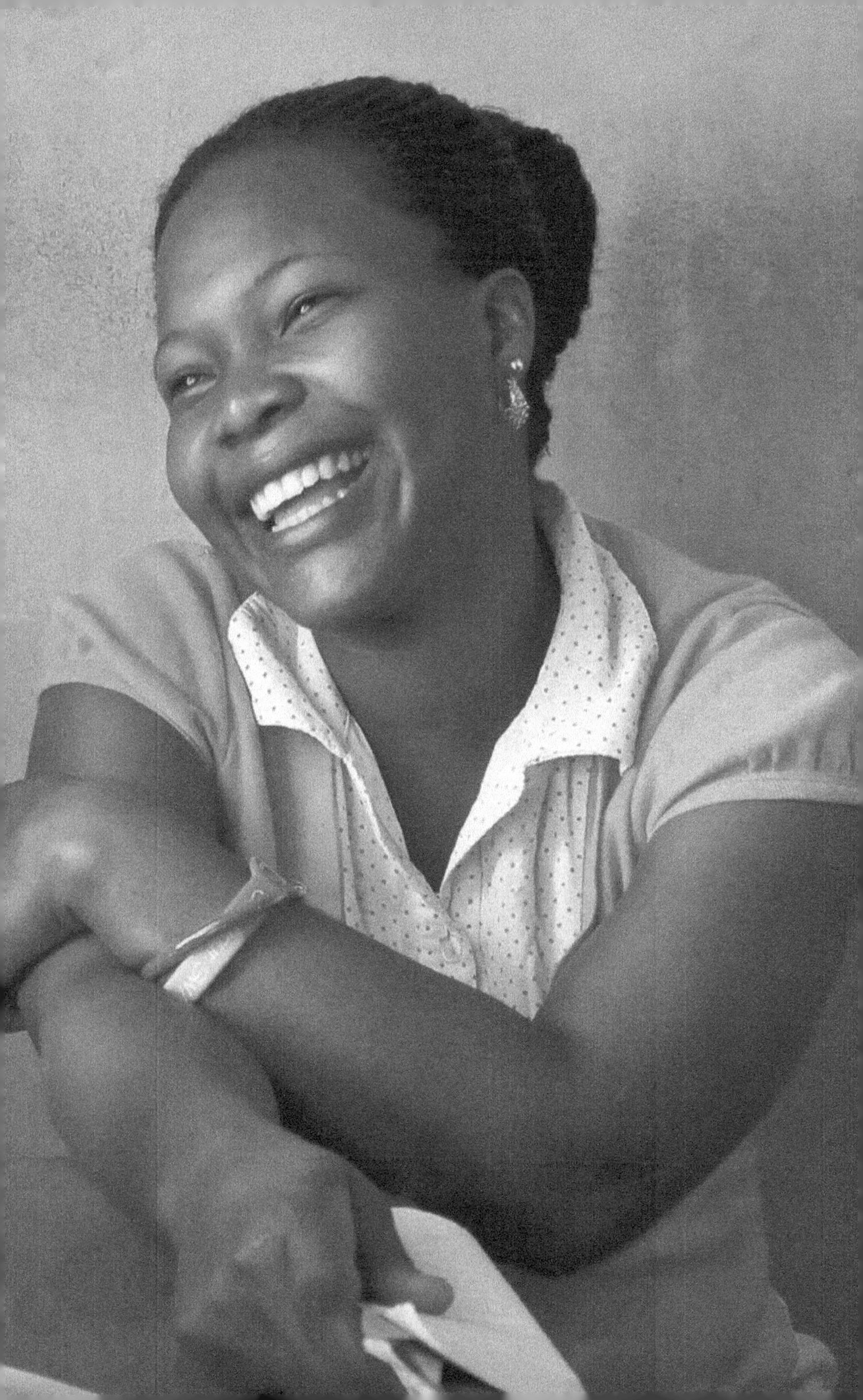

Gute Reise ...

In jedem Moment, in dem du
nicht mehr darüber nachdenkst,
was andere von dir denken,
beginnst du eine Reise in dir selbst.

Du wirst begleitet von deinen **Gedanken und Gefühlen**,
die dir zeigen, wonach du dich *sehnst*,
was du dir *wünschst*, was du *vermisst*,
was du *liebst* und noch *so vieles mehr*.
Es beginnt der Einklang zwischen **Herz und Verstand**.
Die Reise hilft dir, dich zu *akzeptieren*, wie du bist,
dich *besser kennenzulernen*, dich selbst zu *lieben*
und vor allem hilft sie dir zu *realisieren*,
was dir *wehtut* und was dich *glücklich macht*.
Was du besser *loslassen*
und was du besser *festhalten solltest*.

Auf dieser **Reise** wirst du auch der Angst *begegnen*.
Sie wird *schmerzhafte Erinnerungen* in dir wecken
und genau an dieser Stelle gilt es, **stark zu bleiben**.
Denn nur wer sich der Angst stellt, wird diese auch überwinden.

Löse dich von den Ketten, die du dir selbst
wegen anderen angelegt hast, und **öffne den Käfig**,
in den du dich gesperrt hast.

Du hast es *verdient*,
frei zu sein, **frei** zu denken, **frei** zu fühlen
und **frei** zu leben.

Halte auf deiner **Reise** stets die Augen offen,
denn auch das *Glück* wird dir begegnen.
Sei nicht zu sehr damit beschäftigt,
dich an die **Erinnerungen** zu klammern,
die längst vergangen sind,
sondern versuche das **Glück** zu greifen,
wenn es vor dir steht.

Lass dich auf deiner **Reise**
von den schönen Dingen des Lebens begleiten.
Es gibt so viel **Schönes im Leben**,
an das wir uns mehr und mehr klammern sollten.

Deine **Reise** wird nicht immer einfach sein, *das ist klar.*
Deine Reise wird aber auch nicht immer schwierig sein.

Vergiss nie:

Deine Reise ist deine Reise
und diese Reise ist dein Leben.

Und auch wenn alles leichter geschrieben und gesagt ist,
liegt es einzig und allein an dir, die Reise deines Lebens endlich
zu beginnen und eines Tages glücklich zu beenden.

Ich wünsche **ALLEN** eine gute Reise …

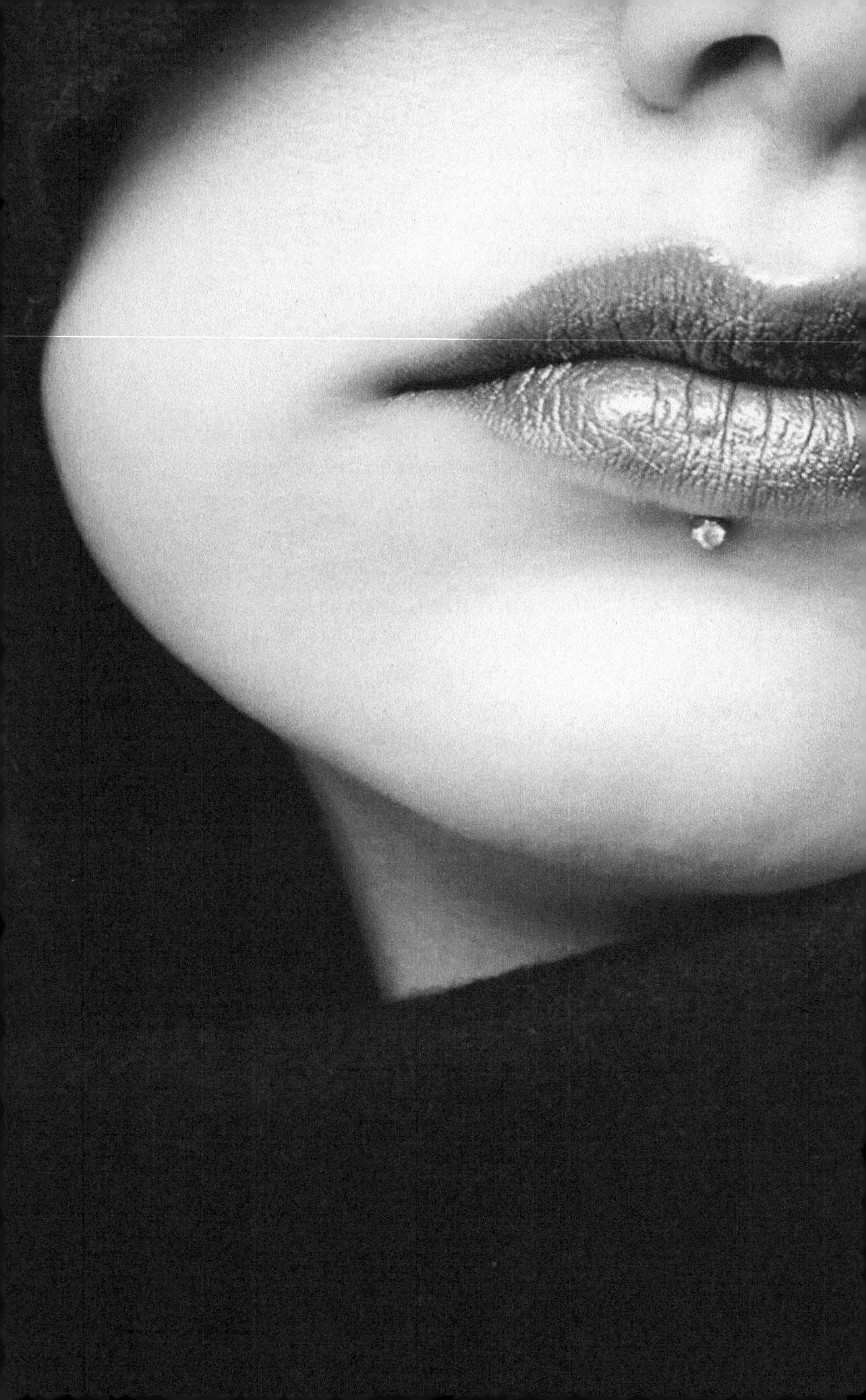

Vergiss jene ...

Die **wenigsten** *kennen* sich selbst,
ertragen sich selbst und *stehen* zu **sich selbst.**

Die meisten erschaffen eine nicht existierende Welt und leben sich dort so tief ein, dass sie vergessen, **wer sie wirklich sind.**

Sie setzen **Masken** auf und fühlen sich wohl dabei, vielleicht durch die Beachtung und Bewunderung einer *falschen Identität.*

Sie wollen auf einmal jemand sein,
der sie nicht wirklich sind oder nie sein werden.

Mit einem falschen Gesicht glänzen?

Nicht schwer.

Geliebt zu werden für das, wer und wie man wirklich ist?

Sehr schwer.

Man sollte eine Leidenschaft, ein Gefühl, einen Gedanken oder das Leben niemals wegen einer anderen Person aufgeben, denn ein Mensch, der dich wirklich mag oder dich liebt, steht immer hinter dir.

Auch dann,
wenn du falsche Entscheidungen getroffen hast.

Er vermag es,
die Melodie deines Herzens zu spielen,
wenn du sie vergessen hast,
dich zu ermutigen,
wenn deine Welt zusammenbricht,
dich an die Hand zu nehmen,
wenn du dich verirrt hast,
dir die Augen zu öffnen,
wenn sie verschlossen sind,
und dein Herz schlagen zu lassen,
wenn du nichts mehr fühlst.

Es ist wichtig, **sich selbst nie zu leugnen**, denn es gibt Menschen, die uns für **all das** lieben.

Jene, die das nicht zu schätzen vermögen und können sind meist auf *anderes* bedacht und deren anberaumte Zeit in unserem Leben ist meist nur *von geringer Dauer*.

So **schätze** die Menschen,
die dir **Gutes** wollen,
vergiss jene,
die dich nur **ausnutzen**
und dich auf **Irrwege** verleiten,

und vor allem denke an **DICH** selbst …

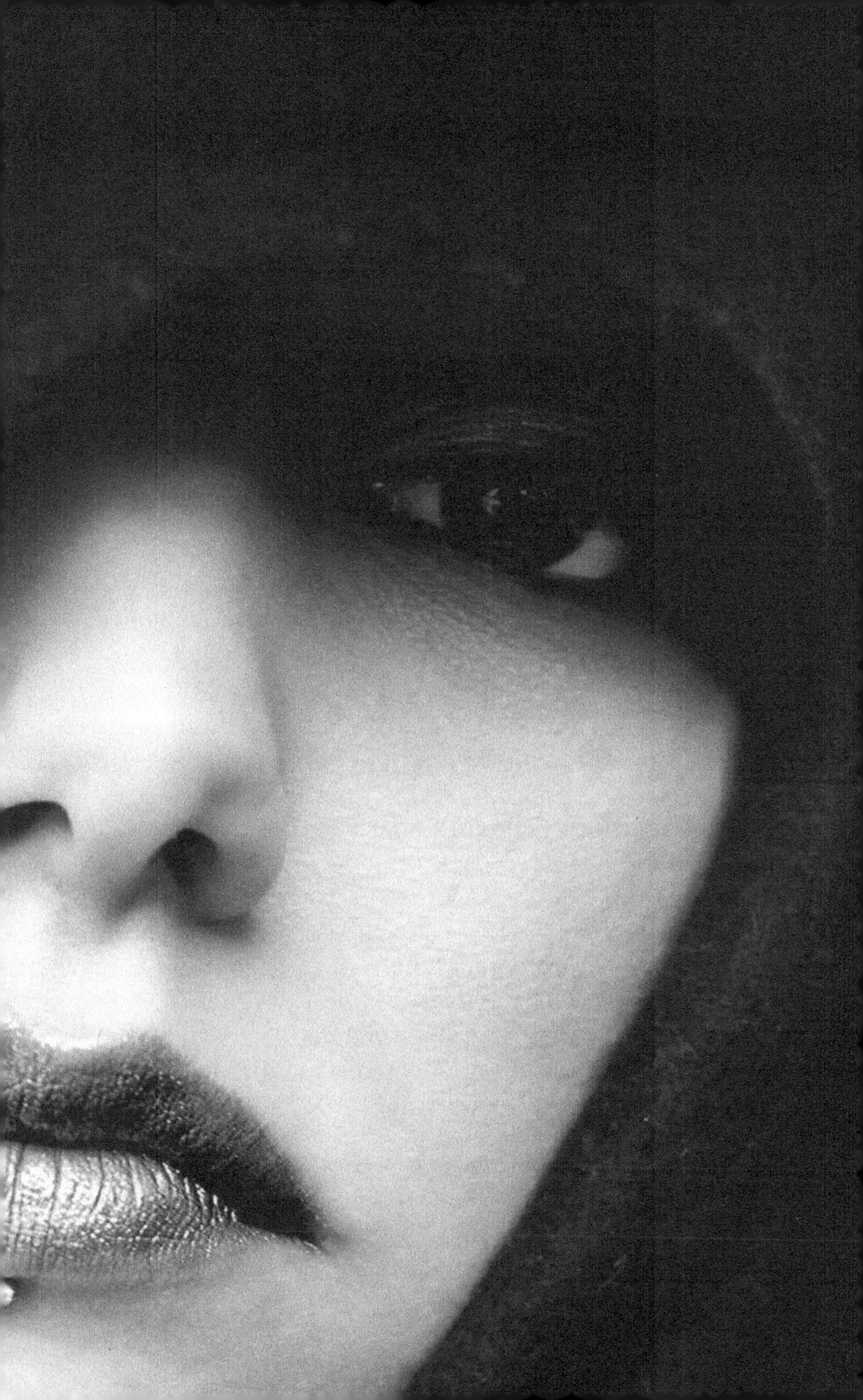

Geheimnisse und Vertrauen ...

Du erzählst einer Person etwas und was passiert?

*Du bittest die Person am Ende des Gesprächs,
es nicht weiterzuerzählen.*

Eigentlich sollte so etwas unter Freunden
selbstverständlich sein.

Doch Person Eins erzählt es Person Zwei
und bittet auch diese, es nicht weiterzuerzählen.

Person Zwei erzählt es Person Drei und so geht es doch
immer weiter, bis jeder von deinem **Geheimnis** weiß.

Vertrauensbrüche sind wohl einer der Gründe,
warum viele Menschen heute weniger von ihren **Ängsten**,
Träumen und ihrem **Leben** erzählen.

Es ist doch eigentlich immer das Gleiche,
was wir *vergessen*.

Wie würden wir uns **fühlen**,
wenn Menschen es mit *uns* gemacht hätten?!

Wir bitten selbst darum, dass andere unsere Geheimnisse
für sich wahren und im Gegenzug missbrauchen wir das
Vertrauen anderer.

Und wofür das alles?

Um für einen Moment interessant zu wirken
oder über die Fehler und Ängste anderer zu lachen?

Was ich damit eigentlich sagen will?

Wir sollten das Vertrauen von Menschen *respektieren*, *achten* und es *wahren*, als wäre es unser **eigenes Geheimnis**, denn wenn wir anfangen, einem Menschen zu vertrauen und ihm ein Teil unseres Lebens *schenken*, wünschen wir uns eigentlich nichts anderes als das, was auch der Mensch wünschte, der dir heute noch immer vertraut.

Vertrauen ist meist unter *vier Augen*,
intim, *privat* und vor allem **nichts** für fremde Ohren.

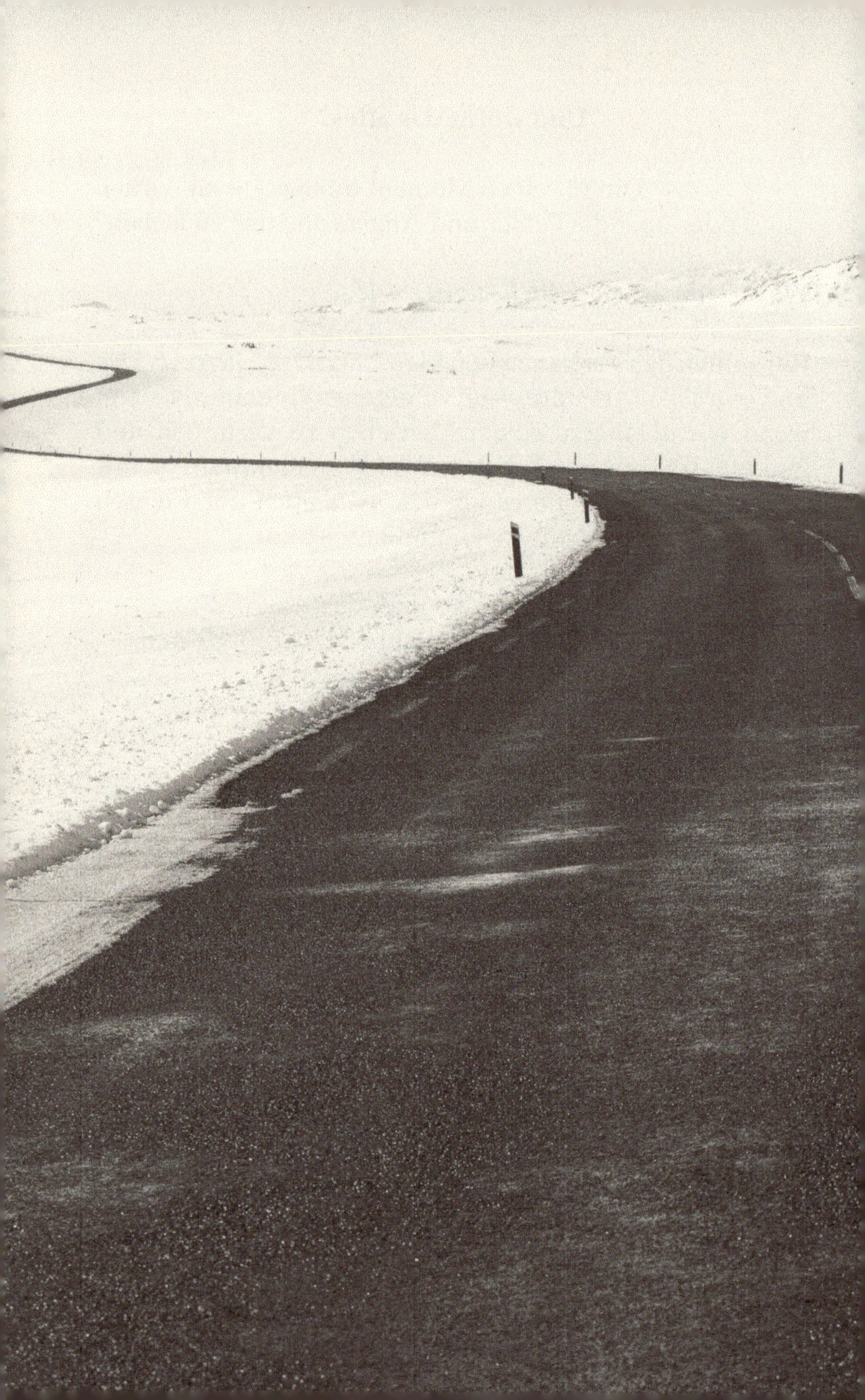

Unser Weg ...

Auf unserem Weg wird es **immer wieder** Menschen geben, die uns verlassen, aus diesem oder jenem Grund, aber auch immer wieder **finden wir einen, der uns ein Stück weiterbegleitet.**

Auch Zeiten der Einsamkeit sind normal, und gerade in diesen ist es wichtig, **standhaft zu bleiben** und an sich selbst zu glauben.

So lernen wir uns Stück für Stück kennen und schreiben unser Leben in **Momenten**, die *gezeichnet* sind von *all unseren Erfahrungen und Gefühlen.*

Momente, die gezeichnet sind von all den Menschen, die wir lieben.

Momente, die uns den Atem rauben mit all den Gefühlen, die wir leben und alles das,
was wir wirklich sind.

Wir haben nicht immer Einfluss auf den **Moment**,
aber wir sollten für das **kämpfen**,
wofür es sich zu kämpfen lohnt.

Wir sollten **lieben**,
wofür es sich zu leben lohnt.

Und wir solllten bei all dem **niemals** vergessen,
wir selbst zu sein ...

Kämpfe ...

Er schaute hinauf in den **Himmel**
und *schrie* seinen Namen.
Der **Klang** seiner Stimme
glich dem *Brüllen eines Löwen*.

Voller **Herz** und auch *Schmerz*
senkte er seinen Kopf
und kniete nieder auf den Boden.

Ich wusste, dass er wieder mehr **fühlte**,
als er in jenem Moment *ertragen* konnte.
Meine *Sinne* schärften sich,
meine *Gedanken* sammelten sich,
und auch mein **Herz** konnte diesen Anblick nicht ertragen.

So ging ich zu ihm hin, legte meine Hand auf seine Schulter und flüsterte ihm folgende Sätze zu:

»Solange du Hoffnung hast,
ist immer ein Licht am Ende des Tunnels.
Das Wichtigste ist, dieses nie erlöschen zu lassen.

**Fang dich selbst, deine Gedanken, dein Leben
und höre auf, dich zu leugnen, stehe zu dir selbst.**

**Nimm dein Los in die Hand und ziehe an einem Strang,
nicht für andere, *NUR FÜR DICH!***

**Lerne von gestern, lebe jetzt, und glaube
und kämpfe für dein Morgen und deine Zukunft ...«**

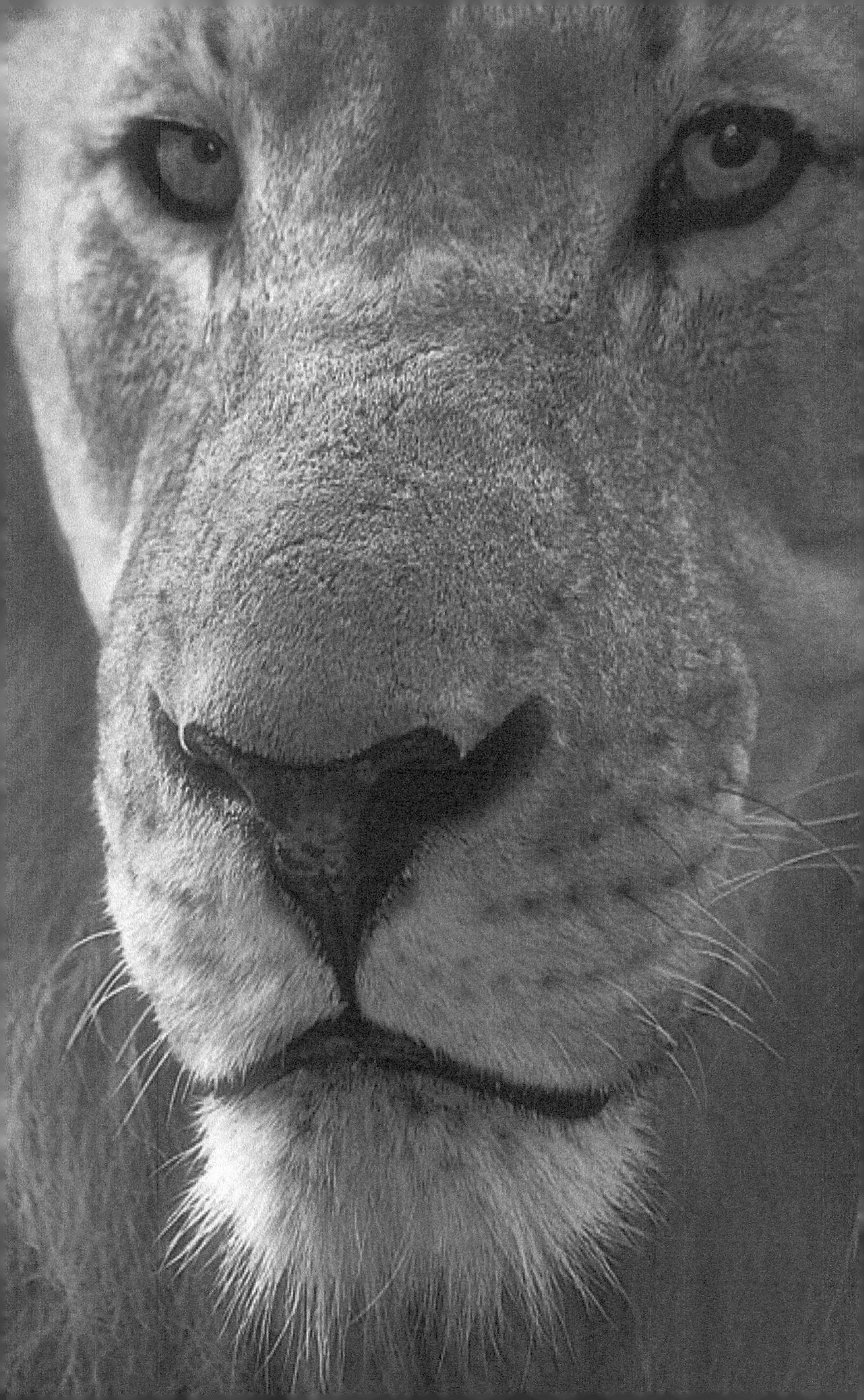

Es ist unser Leben ...

Vielleicht ist heute wieder einer dieser Tage,
an dem alles verloren scheint
und das Gefühl von Liebe, Glück und Leben
unerreichbar fern scheint.

Vielleicht war auch dein Gestern so,
aber in all meinen Zeilen
schreibe ich denselben Schmerz,
den du gerade fühlst,

all den Schmerz, der geschrieben ist in Gedanken,
all den Schmerz, der gefühlt ist in Kälte, und
all den Schmerz, der gelebt ist in Tränen und Erinnerung.

Wieder einer dieser Tage,
an denen du nicht erklären kannst,
was mit dir los ist,
einer dieser Tage,
an denen du dich allein fühlst
und dir im Moment einfach alles zu viel wird.

Aber heute ist auch einer dieser Tage,
an denen du aufstehen kannst,
aufwachen kannst und anfangen musst zu leben.

Denn
es sind deine Gedanken, die dich leiten,
es sind deine Gefühle, die dich begleiten,
es ist dein Herz, das dich fühlen lässt, und
es ist dein Leben, das du schreibst, heute, hier und jetzt ...

Ein Herz, mein Herz, dein Herz ...

Ein kaltes Herz braucht Wärme,
ein einsames Herz braucht Geborgenheit,
ein stilles Herz braucht einen Klang, dem es folgen kann,
und all diese Herzen brauchen Liebe.

Unser Herz hält uns am Leben, aber es lässt uns
zugleich manchmal innerlich sterben.
Unser Herz zeigt uns, wonach wir suchen,
es zeigt uns, wovon wir träumen,
es zeigt uns, wo wir uns wohlfühlen,
was uns wehtut und noch so vieles mehr.
Es lebt in uns, schlägt und bebt für und durch
Erinnerungen, Gefühle, Gedanken,
Menschen und das Leben selbst.
Einzigartig in seiner Pracht,
entscheidet ganz allein das **Herz**,
in wen oder was wir uns verlieben.
Ganz allein das **Herz** entscheidet,
wem wir uns offenbaren, wo wir uns anlehnen,
wo wir uns fallen lassen, und wo Gefühle
in uns anfangen zu leben.
Ganz allein **dein oder mein Herz** entscheidet,
wer in unserem Leben bleiben darf oder gehen muss.

Ein Herz, mein Herz, dein Herz?

Ja, **das Herz** lässt uns oft leiden, weinen und auch manchmal innerlich sterben, aber es gibt uns zugleich die schönsten Seiten des Lebens zurück und schlägt für alle Menschen, die wir lieben und immer lieben werden ...

ONE

Entscheidungen ...

*Viele Entscheidungen treffen wir
aus dem Bauch
und aus dem Gefühl heraus,
aus dem Kopf
und auch aus dem Herzen.*

Es gibt Entscheidungen, die wir nicht beeinflussen können, und egal, wie sie ausfallen, wir müssen sie akzeptieren und lernen, damit zu leben.

Manchmal steht man vor Entscheidungen, bei denen man **nicht weiß, was richtig oder falsch ist.**
Entscheidungen, bei denen man **nicht weiterweiß** und Angst hat, sie zu treffen, denn man weiß, dass sie einen bis aufs Letzte prägen.

Es fängt am *Morgen* an,
zieht sich weiter *über den Tag*
und meist wird einem *erst am Abend* bewusst,
was eigentlich den ganzen Tag passiert ist.

Viele unserer bisherigen Entscheidungen machen uns zu dem Menschen, der wir heute sind und beeinflussen uns auch in vielen weiteren Entscheidungen unseres Lebens.

Sie führen **Schmerz, Hass, Narben, Trauer, Tränen, Wut,** aber auch **Glück, Hoffnung, Liebe** und immer ein Stück **Zeit und Leben** mit sich.

Meist überwiegen unsere schlechten Entscheidungen
leider gegenüber den guten.

Und wir vergessen oft, dass so viele Entscheidungen,
die wir als negativ erfahren und erachtet haben,
uns für die Zukunft wappnen
und uns zeigen, wie stark wir eigentlich sind.

Wir sollten aus jeder Entscheidung und Erfahrung das Positive ziehen, sodass wir **keine Entscheidungen bereuen** und diese so **gut wie nur möglich verarbeiten und damit leben.**

Es wird immer eine Entscheidung geben,
die dir *dein Herz bricht,*
die *dich zweifeln lässt,*
dir deine *Sicherheit raubt,*
dich *ein wenig sterben lässt,*

aber auch immer eine Entscheidung,
die *dir Halt gibt,*
dich *hoffen lässt,*
dir *Kraft gibt,*
dich *träumen lässt*
und dich *dort hinführt,*
wo du bist, nicht sein willst, oder immer hinwolltest.

Entscheidungen?

Vielleicht treffen wir oft die falschen,
aber wir sollten nie vergessen,
was wir aus ihnen gelernt haben ...

WAY →

Jahreszeiten des Herzens ...

Ich schreibe den Herbst in meinem Herzen, denn die Sonne scheint nur noch schwach, der Wind weht mir durchs Gesicht, die Bäume verlieren langsam ihre Blätter und *mein Herz zieht sich zurück* und bereitet sich auf den Winter vor.

Ich schreibe den Winter in meinem Herzen, denn es fühlt sich so an, als würde sich die Sonne nicht mehr zeigen wollen, die Bäume haben ihre Blätter verloren und an manchen Tagen wird *mein Herz so kalt wie ein Eisklotz*.

Ich schreibe den Frühling in meinem Herzen, denn die Sonne zeigt sich von einer besseren Seite, an den Bäumen wachsen langsam wieder Blätter, eine frische Brise des Windes schweift mein Gesicht und *mein Herz füllt sich langsam wieder mit Liebe und Leben*.

Bewusst schreibe ich am Ende den Sommer in meinem Herzen, denn auch wenn ich manchmal durch den Herbst, den Winter und den Frühling gehen muss, bin ich immer wieder froh, wenn ich dem Sommer begegne und lebe. *Mein Herz ist voller Liebe und Leben und bereit für alles, was kommt und kommen mag.*

Umschrieben meine ich, dass es immer Zeiten in unserem Leben geben wird, die **dunkel**, **voller Trauer**, **schmerzhaft** und **negativ** sind, *aber wir uns darin niemals verlieren sollten.*

Wir sollten niemals aufgeben, die Hoffnung wahren und stets daran glauben und dafür kämpfen, dass es besser wird. Es ist unsere Zeit, es ist unsere Liebe und es ist unser Leben.

Es bedeutet Liebe und Leben ...

Wenn wir anfangen würden zu schätzen, was wir haben, dann würden wir weniger verlieren und mehr haben.
Es bedeutet Achtung.

Wir sollten den Wert so vieler Sachen öfter erkennen, verstehen und vor allem schätzen. Denn manchmal kommt die Einsicht zu spät und wir verlieren selbst das, was wir nie verlieren wollten oder das, von dem wir einst dachten, dass wir es nie verlieren werden.
Es bedeutet Schätzen.

Eine Beziehung zu haben, bedeutet schließlich, den anderen zu schätzen, zu respektieren, zu lieben, zu kämpfen und auch zu halten.
Es bedeutet Pflege.

Das alles macht man gemeinsam durch und nicht allein. Es reicht nicht, wenn einer für beide kämpft und auch nicht, wenn einer für beide liebt, denn eine Beziehung bedeutet gemeinsam zu sein. Gemeinsam durch Hoch und Tief.
Es bedeutet Gemeinsamkeit.

Hinter seinem Freund zu stehen, auch wenn dieser eine falsche Entscheidung getroffen hat. Hinter ihm zu stehen, auch wenn sich die ganze Welt gegen ihn stellt.
Es bedeutet Zusammenhalt.

Und das alles bedeutet Liebe und Leben.

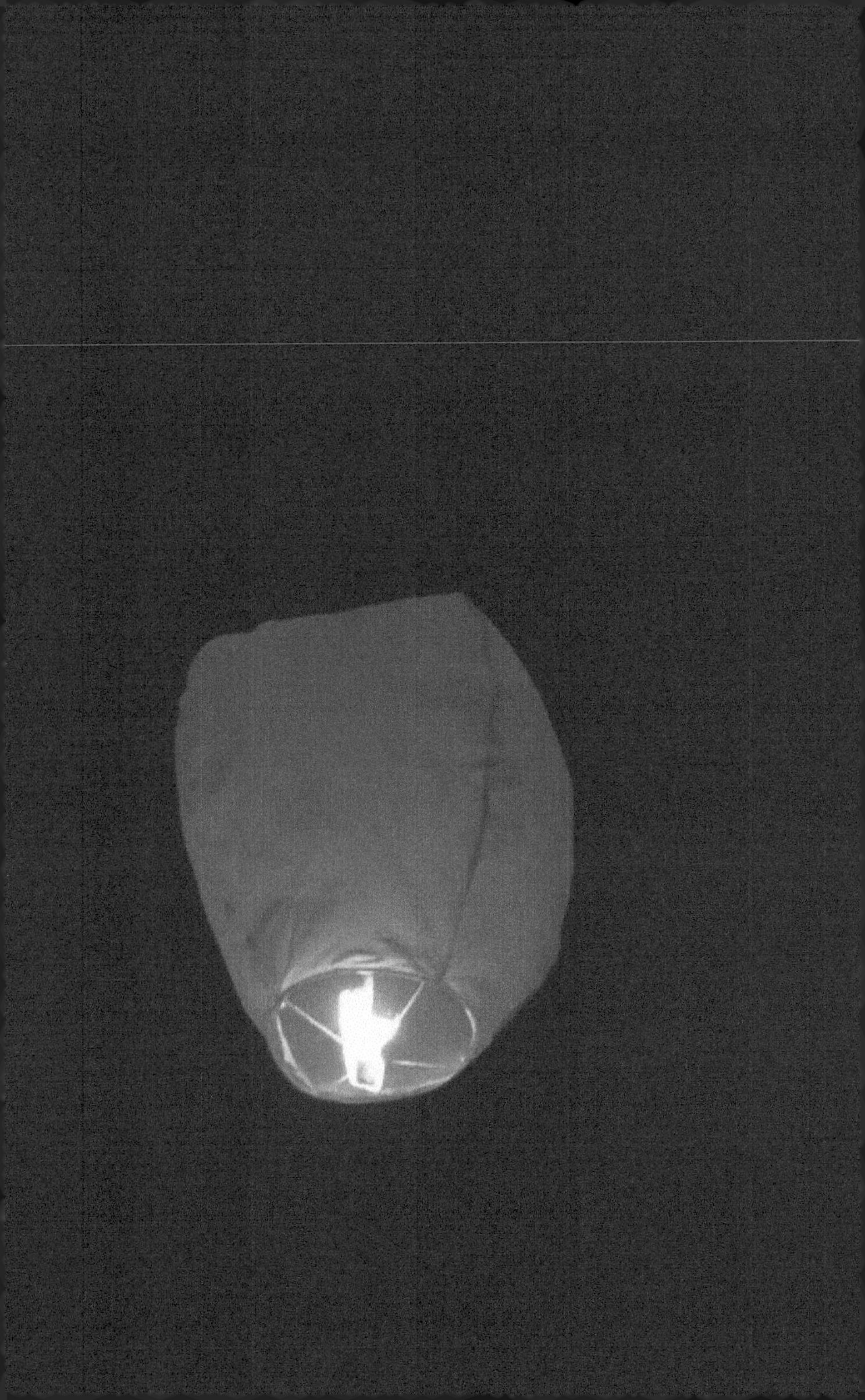

Manchmal ...

Manchmal passieren Dinge, die du nicht erklären kannst,
aber ich hoffe, du findest die Antwort auf all deine Fragen.

Manchmal siehst du Dinge, die du nicht sehen willst,
aber ich hoffe, du findest die Kraft, diese zu ertragen.

Manchmal verirrst du dich in der Dunkelheit,
aber ich hoffe, du findest das Licht, das deinen Weg erhellt.

Manchmal fühlst du dich allein,
aber ich hoffe, du findest Menschen, die dich begleiten.

Manchmal fühlt sich dein Herz so leer an,
aber ich hoffe, du findest einen Menschen, der es füllt.

Und manchmal denkst du, dass es nicht mehr weitergeht,
aber ich wünsche dir die Kraft, den Mut und die Liebe,
die du brauchst, um glücklich zu werden.

Ich habe nie gesagt, dass das Leben *einfach* ist,
aber ich würde dich immer darum **bitten**,
es niemals aufzugeben ...

Siehst du es ...

Siehst du es?
In meinen Augen spiegelt sich der Glanz meiner *Tränen*,
doch nur wenige vermögen es,
dies *zu sehen* und die *Tränen zu trocknen*.

Fühlst du es?
In meiner Brust schlägt ein Herz voller *Narben*,
Schmerz aber auch Liebe,
doch nur wenigen ist es gegeben,
dieses *zu fühlen*, *zu verstehen* und *zu lieben*.

Siehst du mich?
Ich bin ein Mensch voller *Erinnerungen* und *Gefühle*,
voller *Gedanken* und *Träume*
und *voller Liebe* und *Leben*.

Fühlst du mich?
Ich bin ein Mensch voller *Ängste* und *Trauer*,
voller *Schmerz* und *Hass* und voller *Wunden* und *Narben*.
Ich trage ein *gebrochenes Herz* in mir,
welches mein Leben beschreibt.

Jedes einzelne Stück beschreibt einen *Teil* in mir,
jede einzelne Wunde einen *Moment*
und jede einzelne Narbe ein ganzes *Kapitel*.

Ein Herz voller Narben?

Ja, aber auch ein Herz voller Liebe und Leben ...

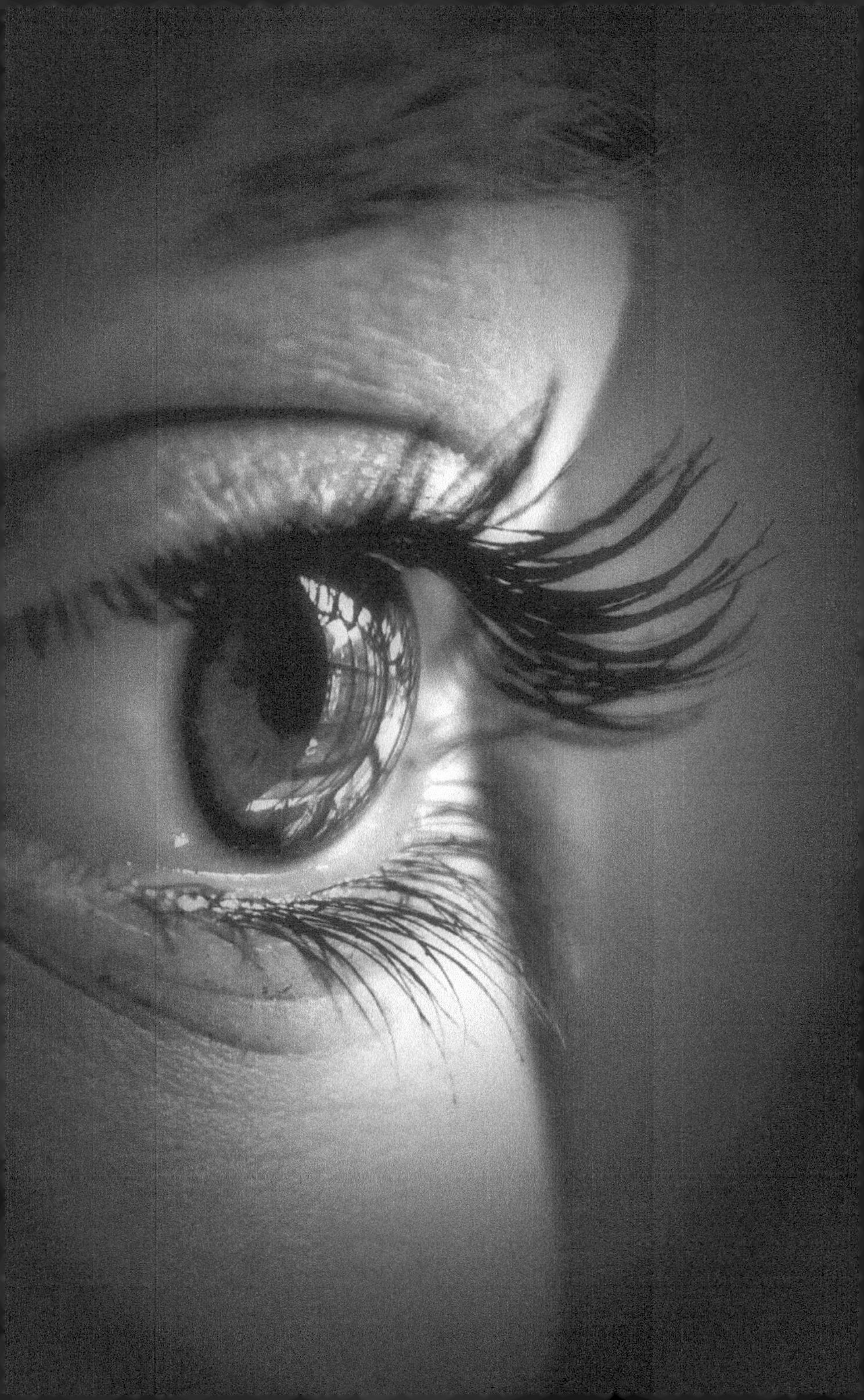

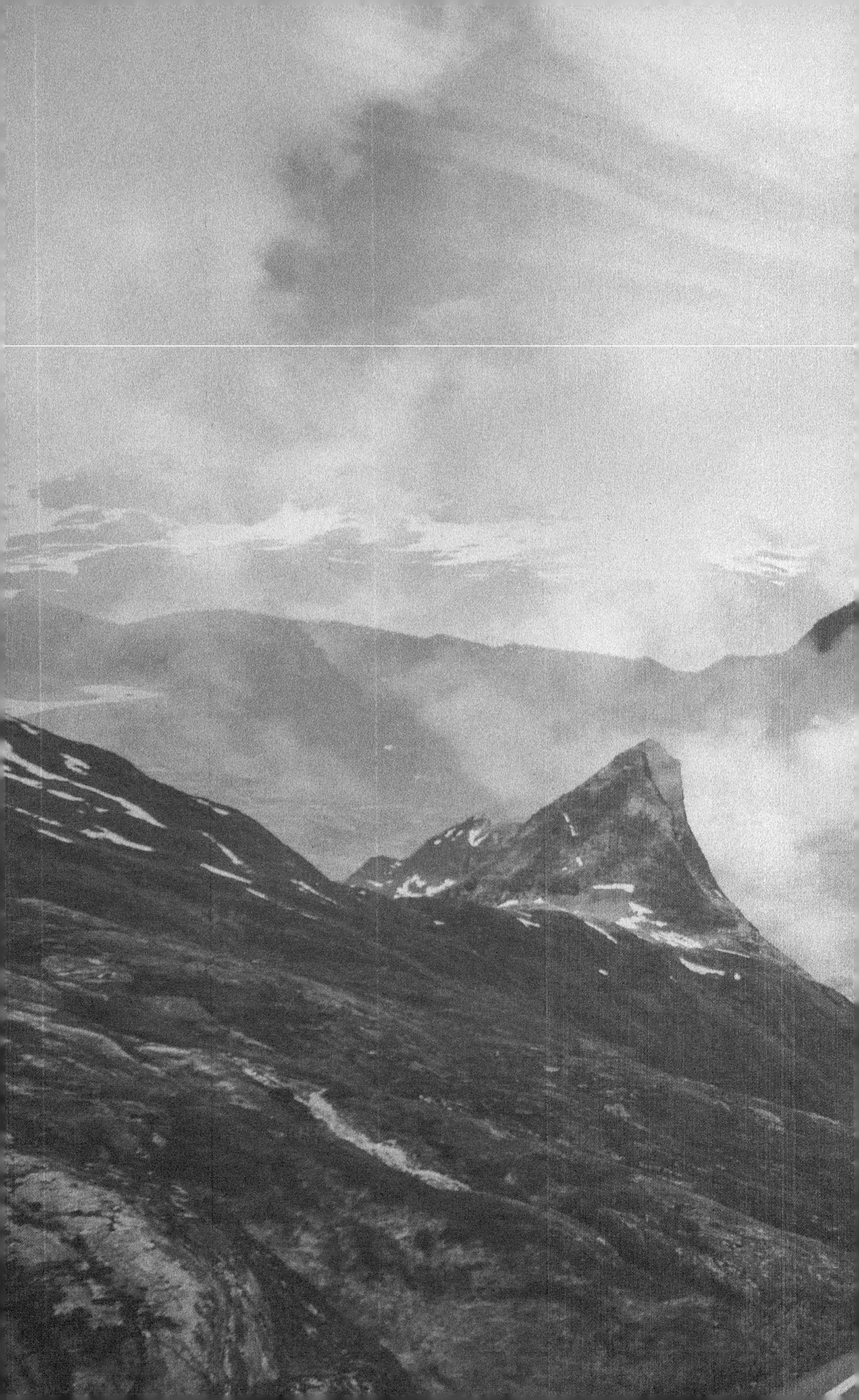

Die Reise meines Lebens ...

Die Reise meines Lebens begann bestimmt ähnlich wie bei jedem anderen auch. **Man liegt schreiend in den Armen der Mutter und realisiert rein gar nichts.**

Das Gefühl meiner Mutter oder meines Vaters kann ich an dieser Stelle nicht beschreiben, aber ich denke, sie waren zu diesem Zeitpunkt **die glücklichsten Menschen auf der Erde.**

So vergingen einige Jahre, in denen ich die Welt mit Babyaugen erkundete und eigentlich immer noch nicht wusste, was ich da eigentlich mache. **Aus Krabbeln wurde irgendwann Laufen und aus Schreien irgendwann Sprechen.**

Es beginnt die Kindergartenzeit.
Ich komme in ein neues Umfeld, man schließt die ersten Freundschaften und bekommt einen Rhythmus für die Woche. Ich kann mich sicherlich nicht mehr an den ersten Tag erinnern, aber an viele Tage, an denen wir Sandburgen bauten, Fahrradfahren lernten, etliche Blätter mit Schmetterlingen oder Blumen bemalten, und auch dass wir uns mit Sand bewarfen. **Jedes noch so kleine Erlebnis war eine riesige Erkundung und eine tolle Erfahrung.**

Es beginnt die Schulzeit.
Erneut komme ich in ein neues, unbekanntes Umfeld, sehe neue Gesichter, aber teilweise auch Gesichter, die mir aus meiner Kindergartenzeit bekannt und vertraut waren.
So zog sich die Reise meines Lebens mit viel Lernen fort. Ich lernte neue Sprachen kennen, mit Zahlen umzugehen,

neue menschliche Ebenen und vor allem mich selbst immer wieder neu kennen. Erneut schieden sich viele Wege, denn viele begannen zu arbeiten, viele gingen weiter zur Schule und manch einer ging auch ganz leer aus. **Jedes noch so kleine Stück dieser Reise ist geprägt in Erinnerung und im Herzen.**

Vieles schreibe und habe ich gelebt in **Glück, Liebe, Hoffnung, Schmerz, Trauer, Mut, Kraft** und noch so vieles mehr, was mich bis hierher begleitet hat, begleitet und sicherlich auch immer begleiten oder mir widerfahren wird.

Auf der Reise meines Lebens bin ich vielen Menschen begegnet, **die heute noch an meiner Seite sind.**

Vielen Menschen begegnet, die mich eine Zeit lang begleitet haben und deren Ausscheiden in meinem Leben **viele Gründe haben könnte.**

Auf der Reise meines Lebens habe ich bewusst viele Menschen zurückgelassen.

Und auch ich wurde zurückgelassen, aber das hat mich nie gehindert, **meinen Weg weiterzugehen.**

Es ist die Reise meines Lebens, in der ich entscheide, wohin ich gehe, mit wem ich gehe und wie ich gehe.

Es ist die Reise meines Lebens, meiner Vergangenheit, meiner Gegenwart und die Reise meiner Zukunft.

Es ist die Reise meines Lebens ...

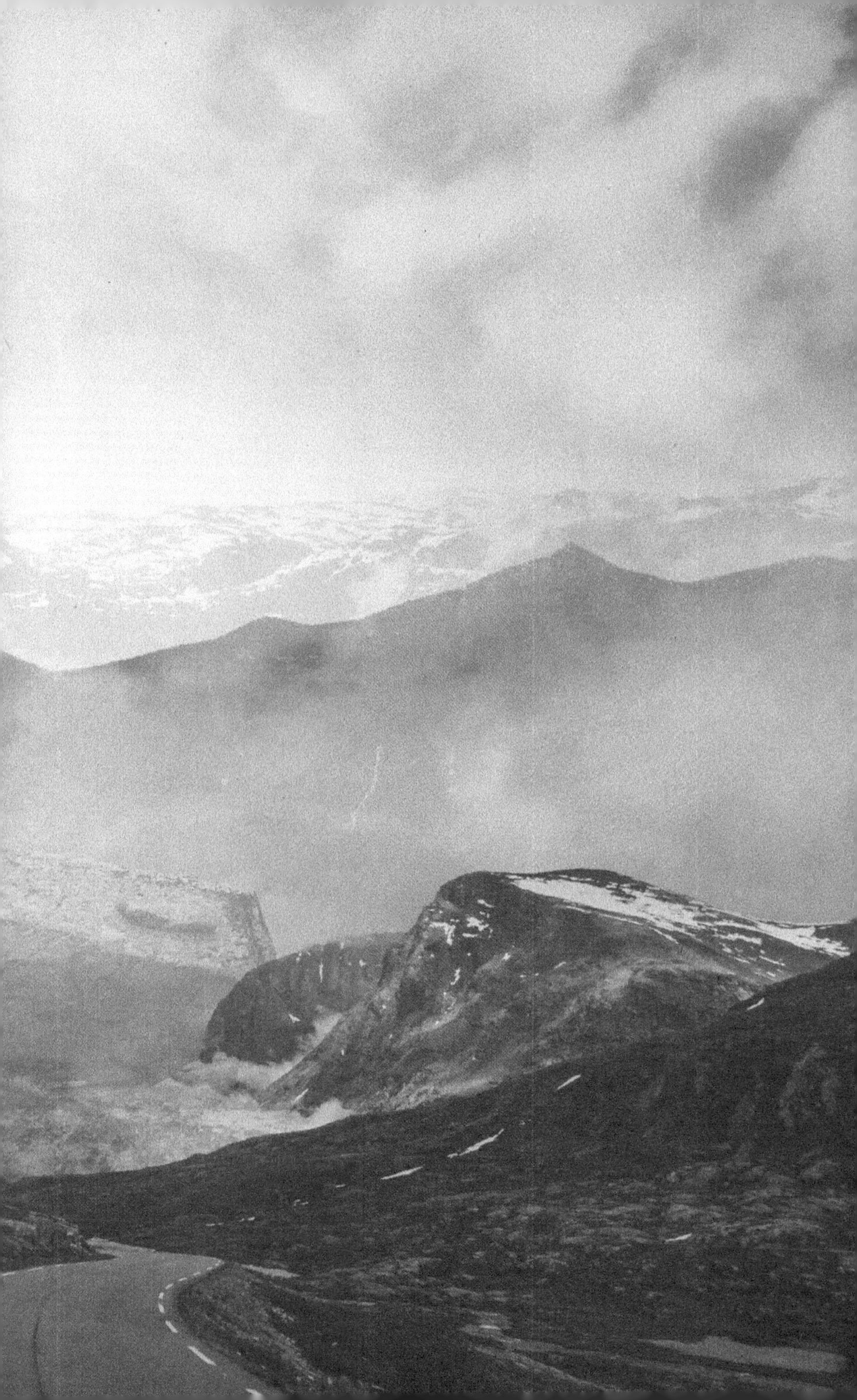

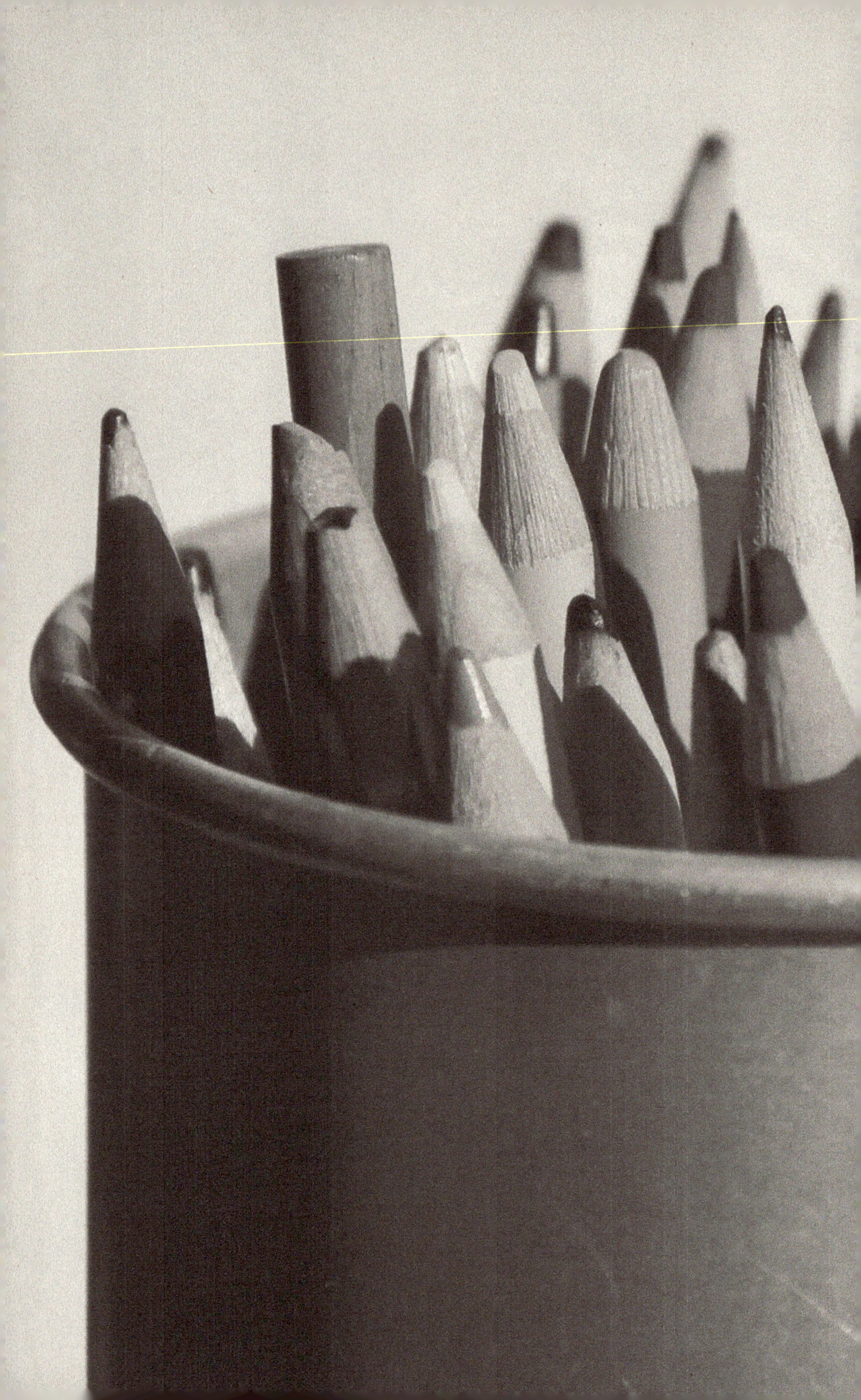

Meine Bilder und ihre Wege ...

*Manchmal vergleiche ich das Leben
mit einem Bild, das man zeichnet.*

Wir haben ein gewisses Bild vor Augen,
das einem Ziel aus dem Leben gleicht.

Ich nehme den Stift in die Hand und begebe mich auf einen Weg. Ich führe ihn vorsichtig und versuche das Bild leicht und sauber zu zeichnen.

Die ersten Linien sind gemacht, **die ersten Schritte somit gegangen**. Ich weiß, dass das Bild noch lange nicht fertig ist. Somit weiß ich auch, dass der Weg, den ich gehe, noch sehr weit führt.

Aber ich weiß ebenso, dass, wenn das Bild erst vollbracht ist, ich dann den Weg gegangen bin,
der nicht nur *wunderschön*,
sondern ein **Schritt in Richtung Zukunft ist.**

Linie für *Linie* zeichne ich an dem Bild.
Schritt für *Schritt* laufe ich meinen Weg.

Irgendwann bemerke ich, dass da noch ein paar andere Stifte sind, die sich bewegen.

Es sind die Stifte meiner **Freunde** und **Geliebten**.
Sie machen das Bild *bunt* und *lebendig*, so wie sie einen an die Hand nehmen und begleiten, wenn man anfängt, einen Weg zu gehen oder auch nur einen einzigen Schritt macht.

Ich vollende das Bild, ich komme an das Ziel meines Weges und stelle fest, dass meine Hände manchmal nicht fest waren.

Manche Linien sind schief gezeichnet, manchmal wiederum habe ich den Stift zu fest aufgedrückt, aber radiert habe ich trotzdem nie.

*Auf meinem Weg schwankten
manchmal auch meine Beine.*

Ich verlor den Halt und fing an zu stolpern,
aber aufgegeben habe ich trotzdem nie!

Das ist das Bild meiner Wege.

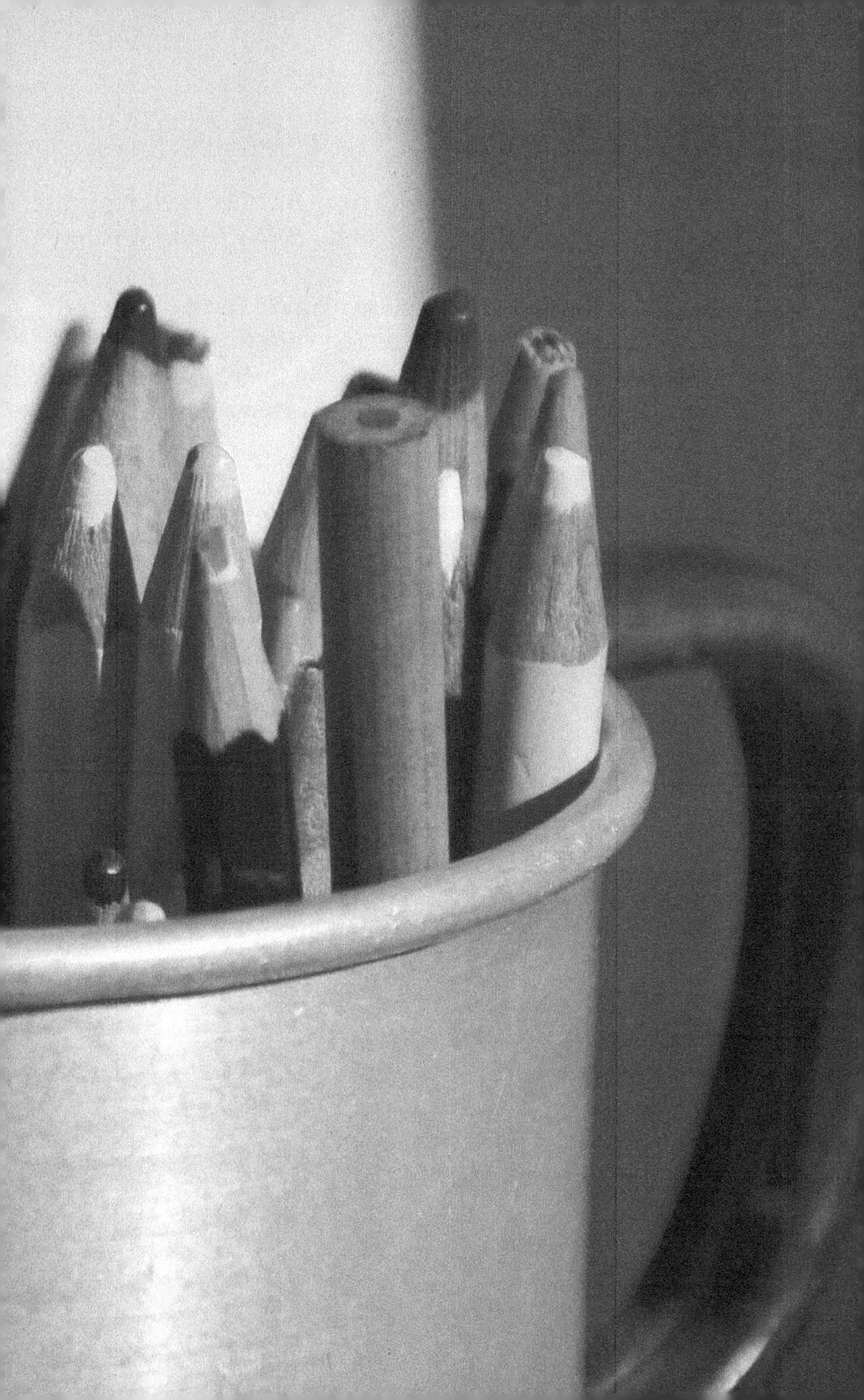

Welt voller Gefühle ...

Wir alle irren in einer Welt herum,
in der uns Gefühle manchmal *völlig fremd* werden.

Trüb wie der Nebel, der uns die Sicht in die Ferne erschwert,
kalt wie das Eis, das unsere Herzen verschließt
und **dunkel** wie die Nacht irren wir in fremden Welten
umher und suchen nach *Gedanken*, **Worten** und *Menschen*,
die unsere **Gefühle** beschreiben,
sie leben, lieben, respektieren
und damit umgehen als wären es ihre **eigenen**.

Suchen und lernen Menschen kennen,
die uns **begleiten**.
Menschen, die uns **Kraft geben**,
die uns **an die Hand nehmen**,
die uns **ein Lächeln schenken**,
die uns **lieben und leben lassen**
in unserer vollen Pracht.

Genau sie sind es,
**die eine Welt voller Gefühle
erst ermöglichen.**

Uns die Sonne schenken,
während sie *das Eis schmelzen lassen*,
uns die Augen öffnen,
um in die Ferne zu schauen,
und *unsere Herzen schlagen lassen*,
weil sie uns lieben ...

Jeden Tag, eine neue Erfahrung ...

Es sind Momente, **die in Sekunden geschehen**
und *schlagartig* alles verändern können.

Deine Gedanken, deine Gefühle und auch dein Leben
verstehen rein gar nichts mehr.
Allein die Vorstellung war ein Gedanke,
den du niemals hattest.

Doch damals, jetzt oder gleich musst du akzeptieren,
dass gewisse Dinge einfach geschehen.
Gewisse Dinge, die wir Menschen nicht ändern können,
sondern mit denen wir *lernen müssen zu leben*.

Jeder Tag ist für mich ein **Aufbruch** in das *Ungewisse*
und nur ich entscheide,
wie, *wo* und mit *wem* ich **diese Reise beende.**

Jeder Tag ist mir eine neue Lehre
und nur ich entscheide,
was und *wie viel* ich dazu lernen will.

Jeden Tag treffe ich **tausende** von Entscheidungen,
die mein Leben prägen,
seien sie bewusst oder unbewusst.

Entscheidungen, die mich zu dem machen,
der ich heute bin und morgen sein werde.

Ja, jeden Tag ...

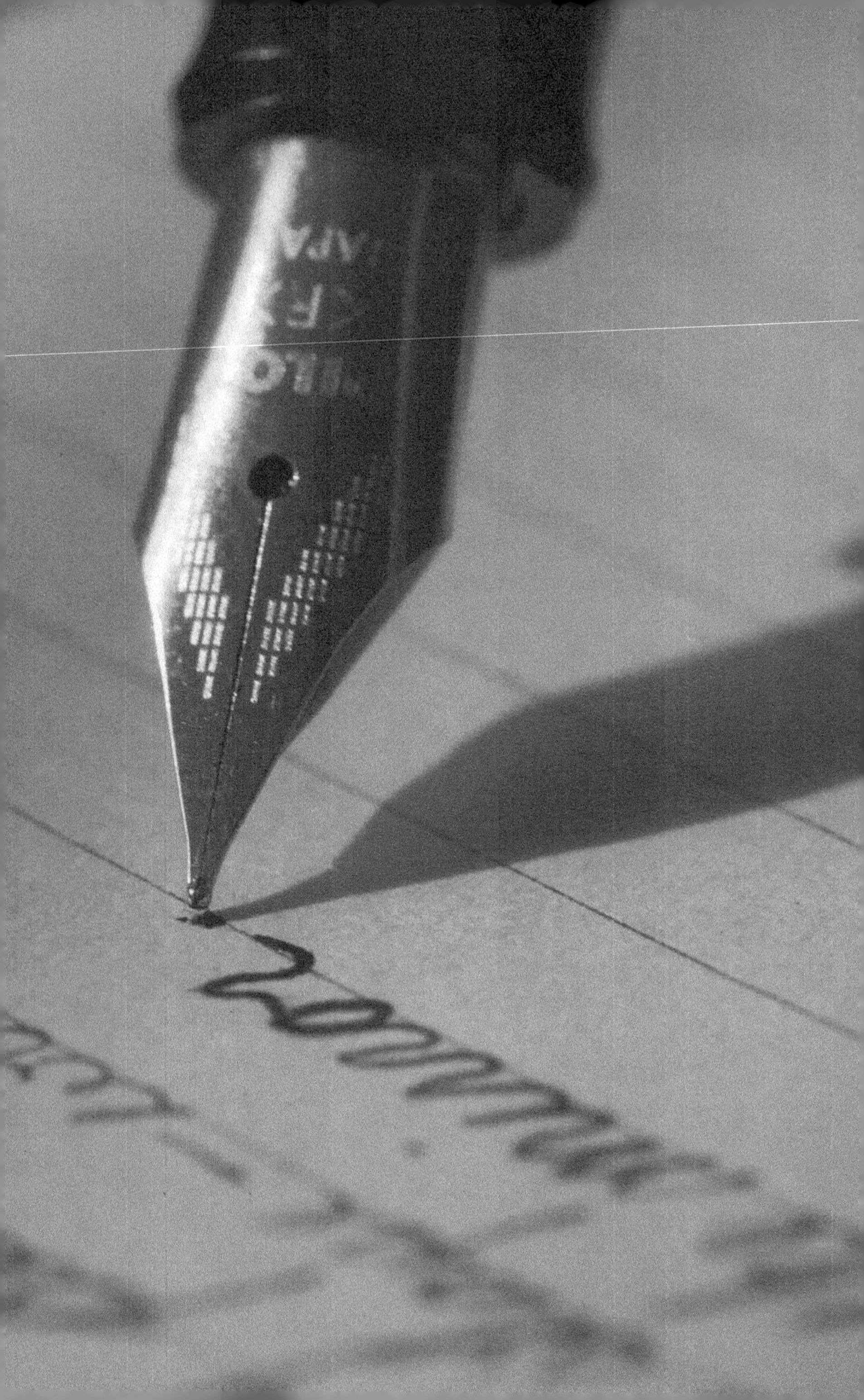

Zu jener Zeit ...

Ich sehe, wie er **lacht**, und ich sehe, wie er **lebt**.
Ich sehe, wie er **weint**, und ich sehe, wie er **schwebt**.
Ich sehe, wie er **geht**, und auch, wie er **steht**.
Ich sehe so **vieles**,
ich sehe **mehr** und doch sehe ich **nicht** alles.

Er erzählt mir,
wovon er träumt, **wonach** er sich sehnt, und **was** er liebt.
Was er sich für seine Mitmenschen wünscht,
für seine Familie, für seine Freunde und auch für sich selbst.

Verdammt – er erzählt so viel.
Während er noch erzählt, versuche ich zu verarbeiten, was er gesagt hat. Und während ich das noch verarbeite, zieht das Leben weiter, und er erzählt mir immer mehr.

Er zeigt mir seine **Wunden**, die ich mit einem Pflaster bedecke. Einige Pflaster ziehe ich ihm wieder ab und stelle fest, dass ich ihm kein Pflaster abnehmen kann, ohne ihm dabei wehzutun.
Doch ich stelle ebenfalls fest, dass es trotz dieser Schmerzen, dieser Wunden und auch Narben für ihn immer weitergehen muss.

In dieser Zeit schreibe ich über **mich**, ich schreibe über **dich**, ich schreibe über **ihn** oder über **sie**,
denn zu jener Zeit trifft es jeden.

Zu jener Zeit, wenn wir anfangen zu erkennen oder daran erinnert werden, **wer wir wirklich sind**.

Unbeschreibliche Kraft ...

Die Zeit, einige Erfahrungen und auch Erlebnisse haben mich gelehrt, dass stetige Veränderungen im Leben dazu gehören.

Das heißt aber nicht, dass ich andere Träume, Wünsche und Ziele habe.

Es sind lediglich andere Wege, die ich einschlagen muss, um an das Ziel zu kommen.

Ich will mir selbst nicht im Weg stehen, ebenso wie auch kein anderer mir im Weg stehen soll.

Menschen, die mich mögen und lieben, laufen neben mir, halten meine Hand und stützen mich, wenn ich anfange zu fallen.

Es gibt zu viele von denen,
die mich *fallen* sehen wollen,
und leider zu wenige von denen,
die mich **aufsteigen** sehen wollen.

Deshalb **schätze ich die Ehrlichkeit, die Treue und auch die Liebe derer,** die es *ernst* mit mir meinen.

Jene, die keine Spiele spielen
und mich unterstützen, wo es nur geht.

Sie gleichen einer Kraft des Unbeschreiblichen und auch einer Liebe, die ich im Leben brauche ...

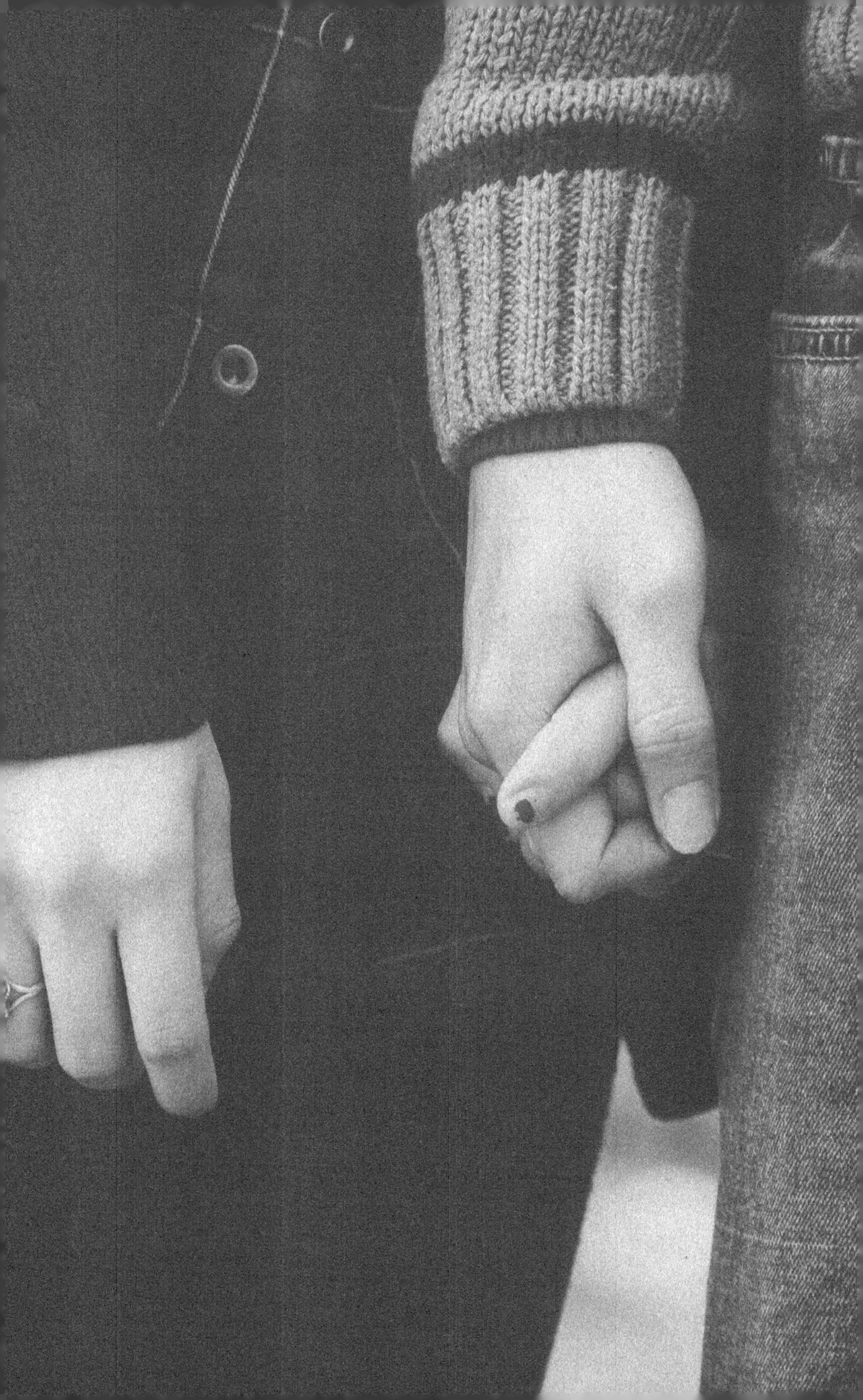

Meine Sehnsucht ...

Sehnsucht kann **schön**
und *schmerzhaft* sein,
denn in meiner Sehnsucht
verstecken sich *Träume* und **Hoffnungen**,
verstecken sich **Menschen** und *Gefühle*,
und vor allem leben in ihnen **mein Geist**,
meine Seele, meine Liebe
und auch ein Teil *meines Lebens*.

**Träume, Hoffnungen,
Menschen, Gefühle**
und noch so vieles mehr,
nach dem ich mich sehne
und wovon ich träume.

All das, was ich *greifen* und *festhalten* will,
all das, was ich *fühlen* und woran ich *denken* will,
und **all das**, was ich *lieben* und *schützen* will,
ist **all das**, wonach sich meine Augen *sehnen*
und wofür mein Herz *schlägt, bebt* und *lebt*.

Meine Sehnsucht beschreibt sich
in den Tiefen meiner Augen,
in der *Wärme* meines **Herzens** und
in dem **Menschen**, der ich *wirklich* bin.

Meine Sehnsucht?

Ich werde sie *entdecken, leben*
und sicherlich nie wieder *vergessen* ...

Mein Herz schlägt ...

Es sind Momente *voller Gefühle*,
die mein Herz **schlagen** und **leben** lassen.
Momente, die gezeichnet sind von Menschen,
die mein Herz bewohnen.
Menschen, die mein Herz *achten*, es **lieben**,
beschützen und darauf *aufpassen*, als wäre es ihr eigenes.

Jene, die mein Herz wärmen, wenn es kalt wird,
jene, die mein Herz fangen, wenn es fällt, und
jene, die es zusammenhalten, wenn es anfängt zu brechen.

Menschen, die mir in die Augen sehen
und meine Seele fesseln,
Menschen, die meine Hand halten
und mein Herz berühren,
und Menschen, die durch ihre Anwesenheit
jeden Moment lebenswert machen.

Meine **Augen** *sehen* klarer,
mein **Herz** *schlägt* intensiver,
und auch das **Atmen** *fällt* mir leichter,
denn es sind *Menschen meines Herzens*,
die mir die **Kraft** und **Liebe** geben,
all das zu *denken, fühlen, schreiben*
und vor allem zu *leben*.
Durch sie und mit ihnen bin ich **gewachsen**
in Mut, Kraft, Hoffnung und Liebe.

Mein Herz schlägt?
Ja, für solche Menschen wird es immer schlagen ...

Zeiten ändern sich ...

Wir leben in einer Zeit, in der **Ehrlichkeit**, **Treue**, **Respekt** und **Liebe** fast nichts mehr wert sind und nur noch wenige Menschen *Charakter* besitzen.

**Jeder sagt genau das,
wovon er am meisten Nutzen hat.**

Und *Gefühle*? Ja, auch darauf wird kaum mehr Rücksicht genommen, mit ihnen wird *gespielt* oder sie werden *zerstört*.

Erfüllt ein Mensch seinen Zweck nicht mehr, wird er *abgelegt*, *belogen*, *betrogen* und am Ende sogar *ausgetauscht*, als wenn er ein wertloser Gegenstand wäre.

**Ich würde behaupten,
dass jeder Mensch im Leben mal Hilfe braucht
oder gebraucht hat.**

Deswegen sollte jeder sich mal einen Moment Zeit nehmen und sich fragen, ob da vielleicht jemand ist, **der mich gerade braucht oder vermisst.**

Man sollte sich fragen, ob es dem Menschen, der behauptet, dass es ihm gut geht, auch wirklich gut geht und nicht immer davon ausgehen, dass es auch wirklich so ist.

Denk doch einfach mal darüber nach, wie oft du gesagt hast, *dass es dir gut geht*, obwohl du innerlich zerbrochen warst und am liebsten alles rausgeschrien hättest.

**Jeder kann behaupten,
dass er dich liebt und jeder kann behaupten,
dass er dir ein Freund ist.**

Und Menschen, die dich **lieben** und dir **Freunde** sind, sehen so was öfter als Fremde, *aber sie sehen es auch nicht* immer.

**Nicht, weil sie es nicht sehen wollen.
Nein, vielmehr, weil sie es nicht sehen können.**

Denn manchen *Schmerz* trägt man so tief in sich und hat ihn so *tief* vergraben, dass erst das *Aussprechen* der Worte die Wunde **sichtbar** macht.

Wenn die Zeit sich also ändert, heißt es für mich als Person nicht, dass ich mich auch verändere. Es heißt für mich, dir der gleiche **Freund** zu sein, der ich auch gestern war und morgen sein werde. Dir auch morgen mit all meinen Möglichkeiten beiseite stehe und dich so **respektiere**, **akzeptiere** und **liebe**, wie du bist.

Wenn die Zeit sich ändert, *mache ich mir keine Sorgen*, dass sie mich verändert, *nein*, ich mache mir nur Sorgen, *dass sie dich verändern könnte ...*

**Das ist für alle Menschen,
die gerade eine schwierige Zeit durchmachen.**

Du bist nicht allein ...

Es war einer dieser *Augenblicke* zu jener Zeit,
in der ich nicht glauben konnte, was mit mir *geschieht*.
Es war einer dieser **Momente**,
der mir den Atem *raubte* und mein **Herz** in Gedanken an *dich* schneller schlagen ließ.
Es war eins von diesen **Gefühlen**,
die ich nicht *bändigen* konnte und auch nicht *wollte*,
denn alles was ich fühlte, **fühlte ich nur für dich**,
alles was ich lebte, **lebte ich nur für dich**,
und alles, wonach sich mein Herz *sehnte*,
warst ganz allein du.
Meine Welt drehte sich nun *langsamer*,
meine Gedanken wurden *tiefsinniger*,
mein Herzschlag *intensiver*,
und mein Leben fühlte sich endlich wieder *schön* an.

Doch STOPP!

Mit einem *festen Schlag* ins Gesicht und einem *tiefen Stich* ins Herz zeigst du mir, dass du all das nicht zu *schätzen* gedenkst, dass dir all das *egal* ist und ich wieder feststellen muss, dass alles *umsonst* war?!
Dass mein letzter **Atemzug**, mein **Herz**, meine **Gefühle**, mein **Leben** und **ich** dir nicht genügen und du stattdessen mit all dem spielst und mich verarschst?

STOPP!

Erneut musste ich feststellen, dass die **Realität** manchmal *härter* ist, als ich es zu glauben wagte.
Erneut musste ich feststellen, dass alles, was ich gab,

wieder nur für eine verschenkte **Illusion** war, aber in all dem habe ich auch wieder *dazugelernt*.

Wir können unsere **Gefühle** nicht steuern oder ein- und ausschalten, wir können uns nicht *aussuchen*, in wen wir uns verlieben, und wir können niemanden dazu *zwingen* uns zu lieben, aber wir können ein Mensch sein, **der liebt, und den man lieben kann.**

Gegeben,
was du geben konntest,
verarscht,
belogen
oder betrogen?

Glaube an den Menschen,
der dich zu *schätzen* weiß,
an den Menschen,
der dich *respektiert* und *liebt* wie du bist
und an den Menschen,
der *alles* für dich tun würde, damit du *glücklich* bist.

Denn *irgendwo*
wartet dieser auch
auf dich.

Du bist nicht allein.

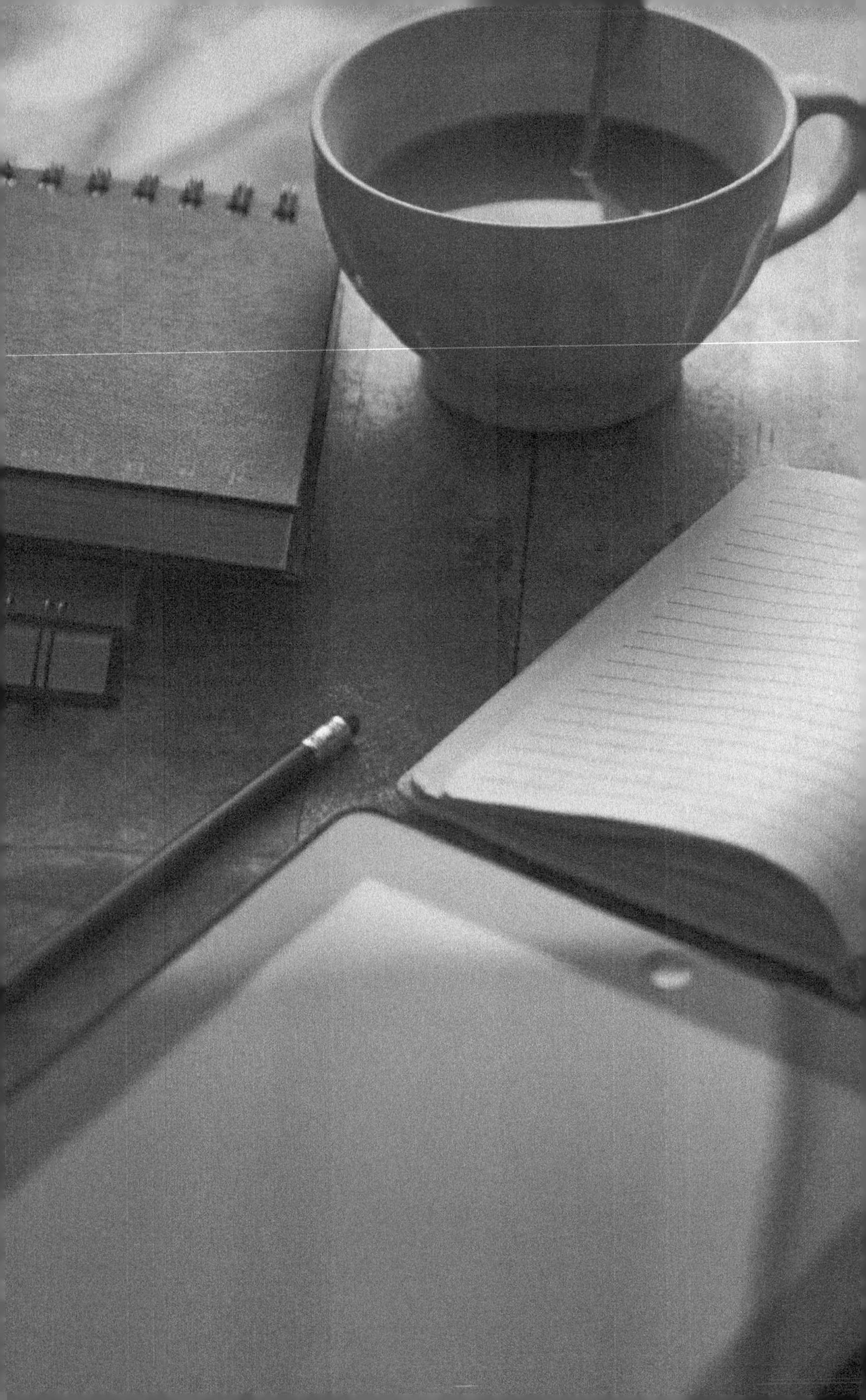

Leidenschaft ...

Eine bloße Hingabe zu einem Hobby, einem Ort, einem Menschen und auch so vielem mehr.

Mit Leidenschaft verbinde ich eine **Welt**, die ich *lebe, fühle* und auch *liebe*, denn in ihr finde ich stets **Ablenkung**, *Mut, Kraft* und auch *neue Energie*, um das Leben **positiv** zu betrachten und zu bestreiten.

Leidenschaft ist ein **wichtiger Bestandteil** des Lebens und sollte nie zu kurz kommen, denn sie **befreit**, *öffnet den Geist und lässt der Seele freien Lauf.*

So fühle ich auch meine *Leidenschaft* **beim Tippen dieser Zeilen,** sie wird von dem *Schlag meines Herzens* begleitet und von der **Wärme meiner Liebe**. In ihr lebt die *Ruhe*, entfaltet sich die *Kraft* und bündelt sich *neue Energie* für einen *neuen Moment*, für einen *neuen Tag* und manchmal *für ein ganzes Leben.*

Leidenschaft entfaltet sich in **vielen Formen**. Bei dem einen ist es das *Tanzen* oder *Singen*, bei dem anderen ist es das *Zeichnen*, und bei mir ist es das *Schreiben*, ich fühle sie, wenn ich mich einem **Gefühl hingebe**, **das mein ganzes Leben beschreibt und widerspiegelt.**

Leidenschaft?
Hier siehst du *meine*, so sag mir, was ist *deine*?

Die Welt ist dein Spiegel ...

Du allein entscheidest,
welchen Effekt dein Spiegel hat,
du ziehst an, was du ausstrahlst
und wovon du überzeugt bist.
Jede noch so kleine Bewegung und Veränderung
spiegelt sich darin wider und zeigt dir,
wie du gerade aussiehst und lebst.
Es sind viele Faktoren, die dein Leben
von außen beinträchtigen,
aber nur du selbst entscheidest,
inwieweit diese Welt deinen Spiegel verändern kann.

Was in deinem Spiegel passiert,
wer oder was, dort noch zu sehen ist,
und wie der Zustand des Spiegels
und deiner Welt selbst ist,
das entscheidest nur du.

Nur du selbst entscheidest,
ob der Spiegel lacht, weint, tanzt oder auch lebt.
Nur du selbst entscheidest,
ob deine Welt voller Trauer oder Glück ist.
Nur du selbst entscheidest,
was aus dem Menschen wird,
den du jeden Tag im Spiegel siehst.

Also vergiss nie:
Die Welt ist dein Spiegel,
dein Spiegelbild ist dein Leben,
und dein Leben bist du selbst ...

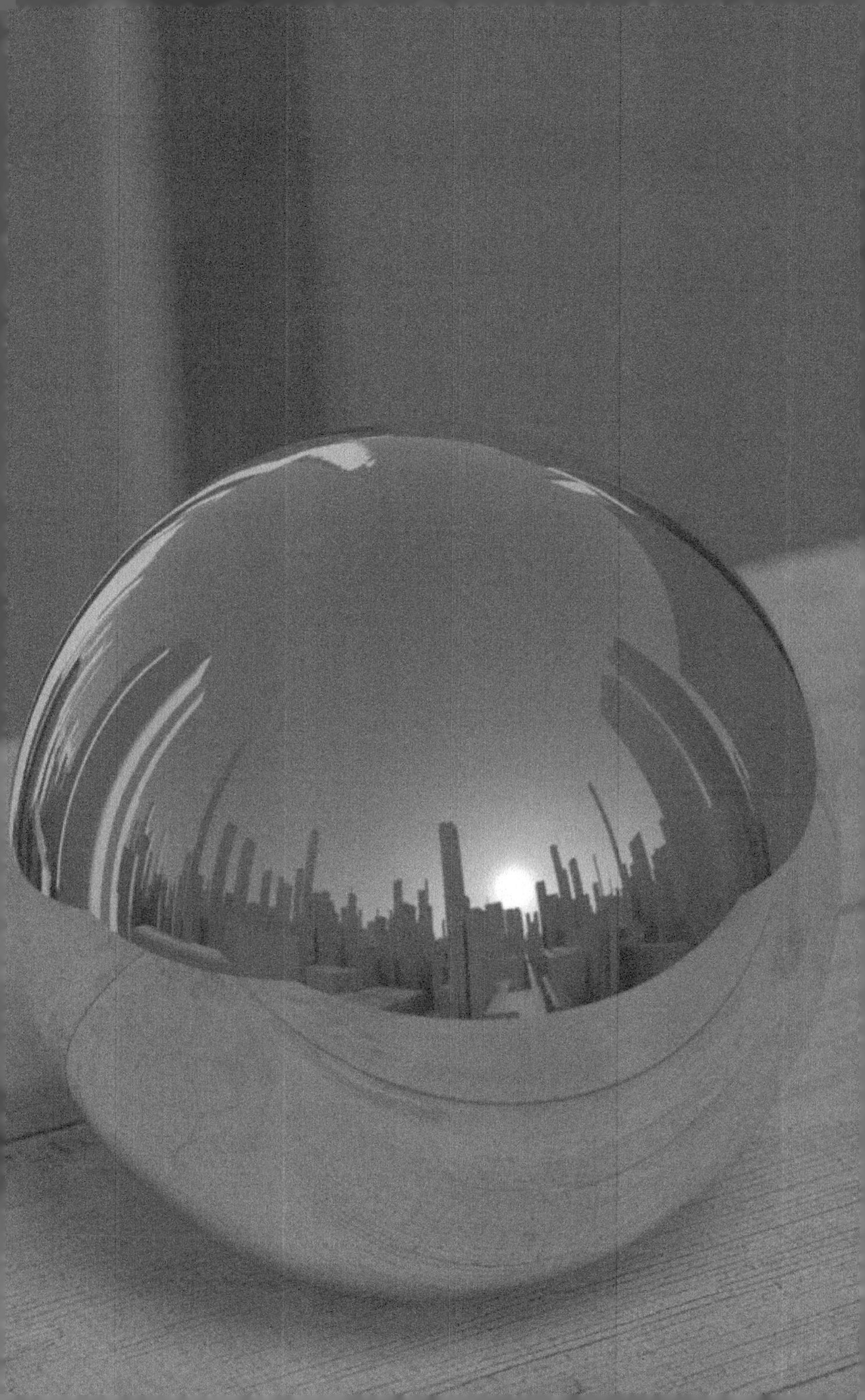

Sprechende Seele ...

Wir sind Menschen aus **Fleisch** und **Blut**.
Doch was verbirgt sich dahinter?
Es ist die **Seele**, die dahinter ruht.
Ein verborgener *Freund* oder ein verborgener *Feind*.
Es kommt vor, dass man nicht versteht,
was die **Seele** einem sagen will, doch sind es **Rufe**,
die aus weiter **Ferne** zu dir durchdringen wollen.

Aus **Angst** kämpfst du gegen diese **Schreie** von innen an.
Du hast *Angst* davor, wieder diese **Trauer** spüren zu
müssen, oder diesen tiefen **Schmerz**,
den du *vergessen* willst.
Du denkst, du kannst diese **Worte** verbergen
oder gar tief in dir *verbannen*.
Du denkst, dass du dich dagegen *wehren*
und es *verstecken* kannst, *was von innen nach außen will.*

Ohne es zu merken, *kämpfst du jeden Tag gegen dich selbst*
und merkst nicht, **wie du dich belügst.**
Machst anderen etwas vor,
aber irgendwann schreit die Seele ihre Worte
mit voller verzweifelter Wut heraus.

Die Mauer, die du hochgezogen hast,
zerbricht an ihrem durchdringenden Schall.

Es sind **Worte**, die dir wehtun werden und **Tränen**,
die geweint werden müssen,
denn wenn **Tränen** anfangen, deine **Wangen** sanft zu
küssen, *hat deine Seele angefangen zu sprechen ...*

Hoffnung ...

Die Hoffnung in Menschen zu wecken,
die an ihr zweifeln oder sie verloren haben,
ist eines der schönsten Gefühle.

Denn im Leben werden wir oft
von **Zweifeln** und **Ängsten** begleitet
und oft fehlt uns die Kraft, *um weiterzukämpfen.*

Oft fallen wir zu Boden und der Weg nach oben
scheint uns unerreichbar fern,
deshalb fühlen wir Schmerzen
und zweifeln an der Hoffnung.

Trotz allem sollten wir die **Hoffnung** niemals aufgeben,
verlieren oder anderen nehmen,
denn das könnte das Letzte sein,
was wir oder sie noch haben.

Hoffnung bedeutet
Mut und Stärke,
Fühlen und Leben,
Suchen und Finden.

Und vor allem, sie zu nehmen und zu geben.
Ich wünsche **JEDEM**, die Hoffnung in etwas zu finden,
die er im Leben braucht, um glücklich zu sein ...

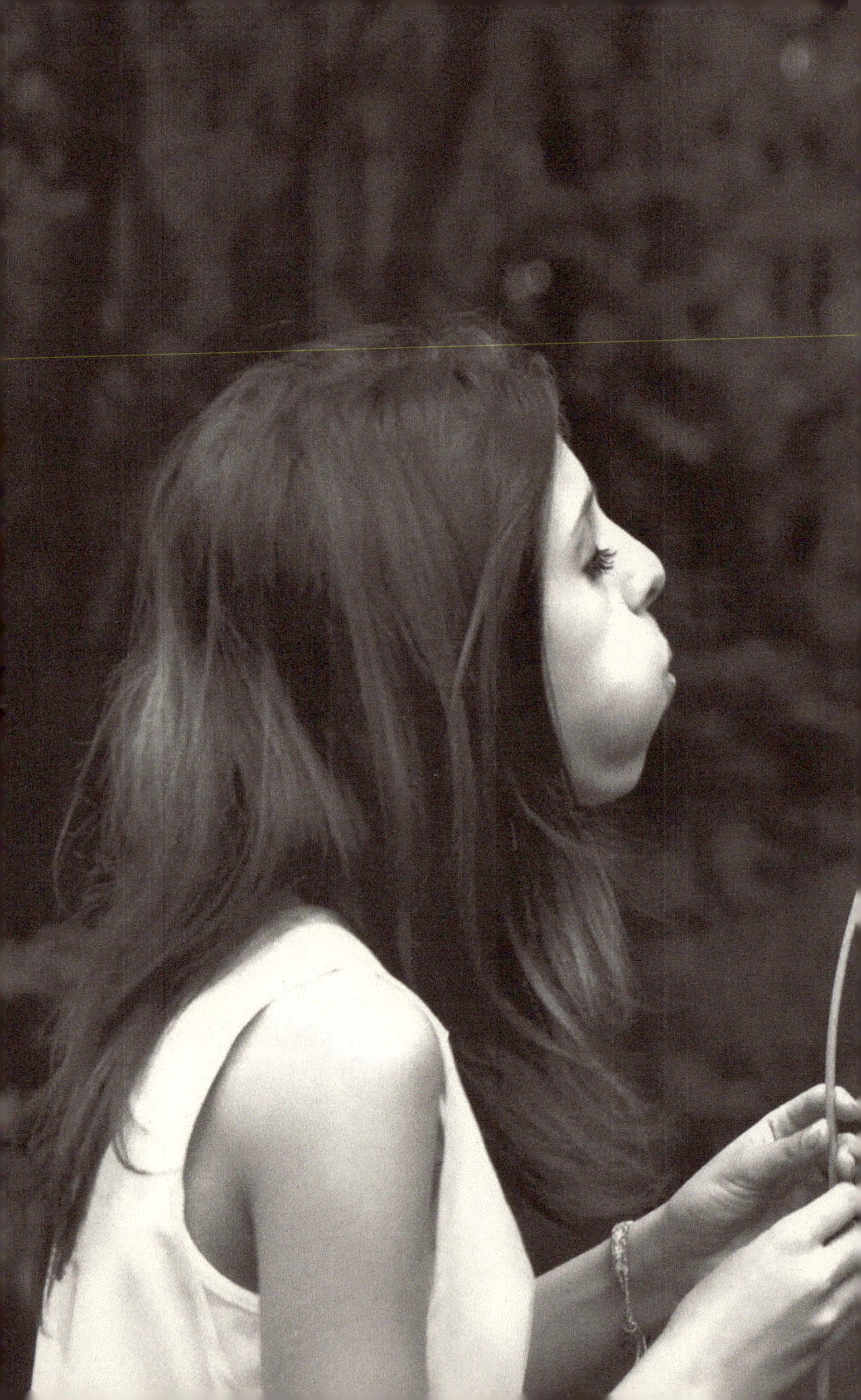

Wünsche ...

**Oft wünschen wir uns,
wir könnten die Zeit zurückdrehen.
Ich glaube, den Wunsch hatte jeder
schon mindestens ein Mal.**

Wir wünschen uns, gewisse Dinge ungeschehen zu machen, denn manchmal haben wir mit bestimmten Worten oder Taten Menschen verletzt, die wir eigentlich über alles lieben.

Und nicht immer reicht ein: »Es tut mir leid« aus, um die andere Person zu halten.

**Der Verlust droht,
in manchen Fällen wird er damit aber zur Realität.
Eine schwierige, kalte, leere
und schmerzhafte Zeit steht bevor.**

Deswegen sollte man sich stets bewusst sein, was man sagt und vor allem tut. Schöne, ehrliche Worte und Taten sind für mich etwas Selbstverständliches in einer Beziehung. Sei es nun die Beziehung zu Freunden oder die Beziehung zu einem Partner.

**Worte und Taten können schön sein,
aber deswegen auch genauso verletzend.**

**Einen Menschen zu lieben,
heißt schließlich,
ihm das Beste zu gönnen.**

Ja, es bedeutet mit Sicherheit noch so viel mehr,
aber es heißt nicht, mit unkontrollierten Worten,
um sich zu schmeißen und es heißt auch nicht,
Dinge zu tun, die man selbst nicht verzeihen würde.

**Ich kann demnach nicht verlangen,
ohne selbst zu geben.**

Eine von Gefühlen geschaffene Macht,
die nicht eintönig leben kann.
Die nicht leben kann in Einsamkeit,
nicht in Hass, Schmerz und sicherlich nicht
mit unehrlichen Worten oder falschen Taten.
Bevor ich mir das nächste Mal wünsche,
die Zeit aufgrund eines solchen Ereignisses
zurückzudrehen, sollte ich mich lieber zügeln
und meine Worte und Taten mit Bedacht wählen.

**Liebe sollte schließlich schön sein
und in ihrer vollen Macht
zum Guten ausgelebt werden.**

Sie sollte ehrlich sein und in vollen Zügen genossen
werden. Sie sollte ohne Hindernisse sein und Mauern
brechen, die wir einst bauten. Sie sollte die Masken fallen
lassen, die wir uns einst aufsetzten. Sie sollte einfach so
sein, wie wir sie uns immer vorgestellt haben.

So und noch so viel mehr.

*Liebe ist Liebe.
Liebe ist Leben ...*

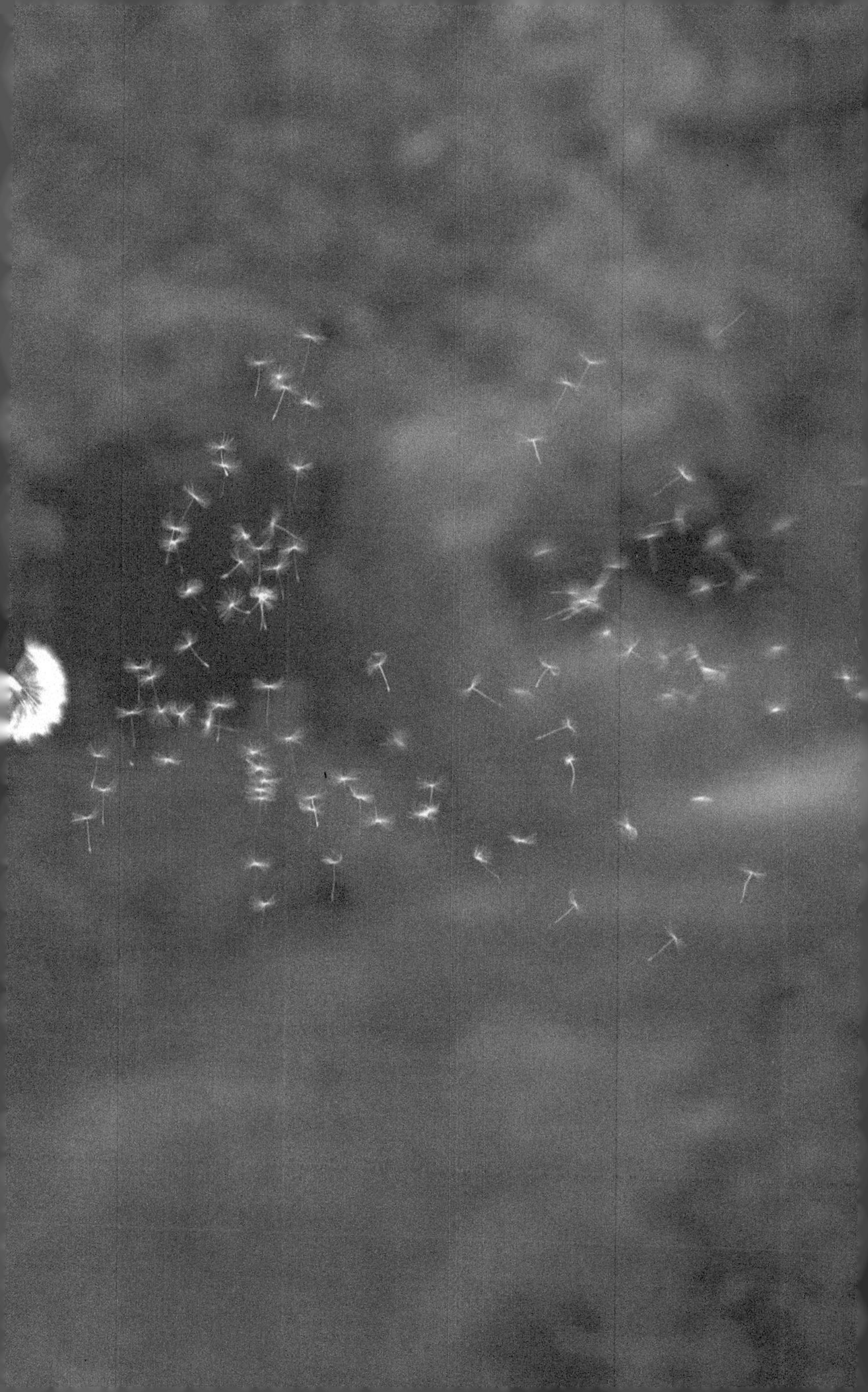

Das Schöne im Leben ...

Das Leben ist nicht immer einfach, **aber das heißt nicht,** *dass es immer schlecht sein muss.*

Es hat schon einen Grund, **warum es manche Situationen oder bestimmte Menschen nicht mit dir zusammen in die Zukunft geschafft haben.**

Diesen Grund erkennst du aber meist erst dann, wenn dein Verstand dir erklärt, was dein Herz nicht verstehen will.

Lass deinen Gedanken freien Lauf, deinen Augen genug Sicht und deinem Herzen genug Platz, **um zu erkennen, was wirklich wichtig ist.**

Höre auf, darüber zu grübeln, was du verloren hast, denn somit verdrängst du nur das Schöne, was mal gewesen ist oder das, was noch kommen mag.

Du verdrängst das Wissen, dass auch dir ein glücklicher Weg zusteht und du ihn nur gehen kannst, wenn du all das hinter dir lässt. *Es steht dir offen, so fühl dich frei und nicht gefangen.*

Lass Vergangenes vergangen sein, und wenn es nicht funktioniert, halte und klammere dich nicht an das, **was dich runterzieht, sondern an das, was dir ein Lächeln ins Gesicht zaubert.**

Bleibe nicht in der Vergangenheit oder Gegenwart stehen, denn jeder Moment könnte sich zum Guten wenden.

Stehe dir und deinem Leben nicht im Weg, denn es gibt

genug Wege, die zum Glück führen. Deshalb halte dich nicht mit Dingen auf, die dir im Leben nicht weiterhelfen oder dich weiterbringen.

Lege endlich die Last ab, die du mit dir trägst,
denn sie kostet dich viel Kraft.

**Kümmere dich lieber um das wirklich
Wichtige und Schöne im Leben.**

Wir sollten dankbar sein für jeden neuen Tag,
für all die Menschen,
die uns lieben,
für all das,
was nicht selbstverständlich ist
und noch so vieles mehr.

Denke stets daran,
dass das Leben schön ist,
von einfach war aber nie die Rede.

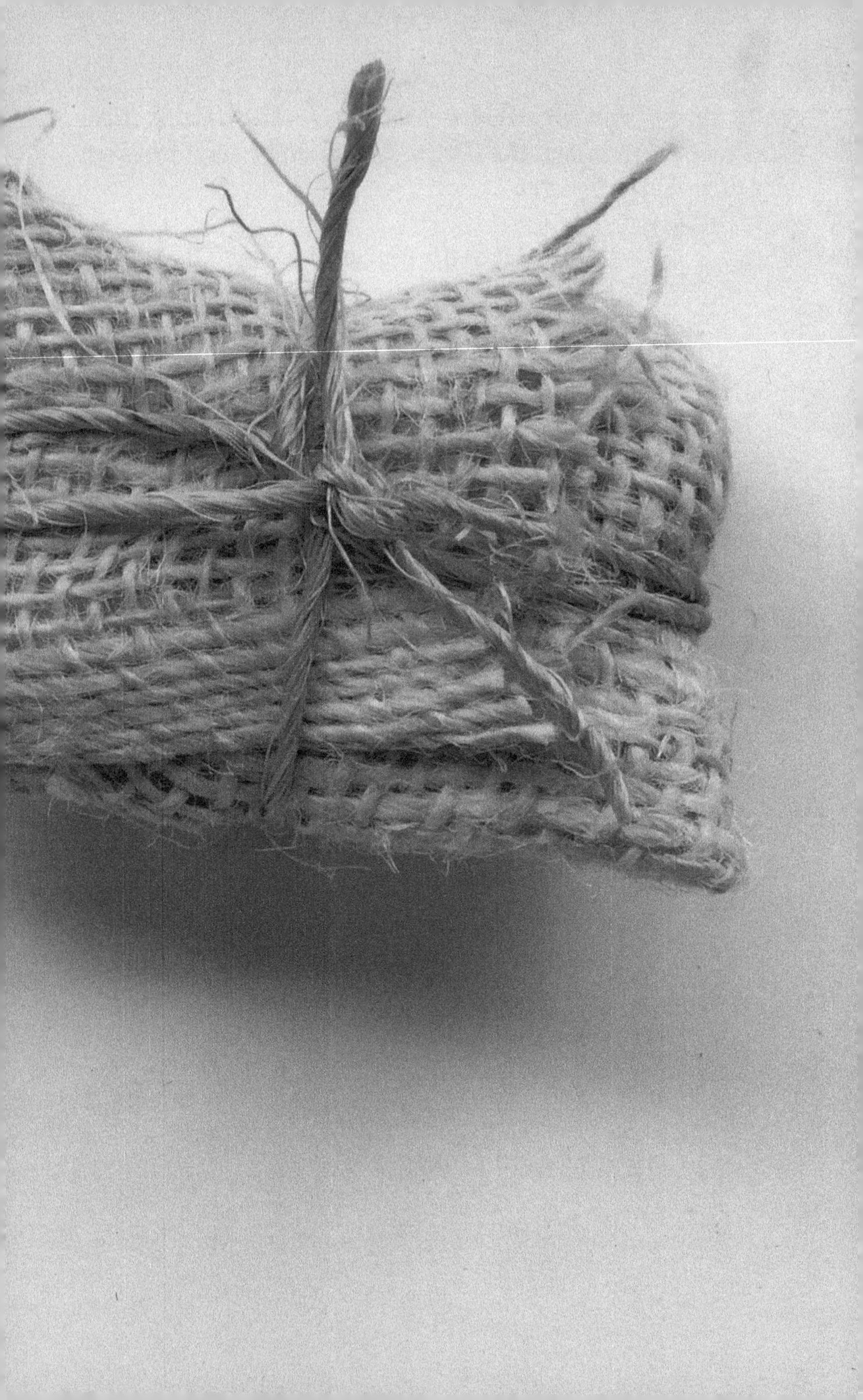

Ich habe gehört ...

»**Ich habe gehört ...**« ist wohl eine der Aussagen, die viele *Diskussionen, Streitigkeiten, Probleme* und vieles mehr mit sich führten.

Ich habe ebenfalls vieles **gehört** und **gesehen**, aber ist es wirklich mein *Problem*? Muss ich einen Menschen aufgrund eines *Gerüchts* oder auch einer wohl möglichen Tatsache **beurteilen** oder sogar **verurteilen**?! Wir selbst wollen nicht, dass andere Menschen falsch von uns denken, über uns reden und urteilen oder falsche Spiele spielen, aber uns selbst stellen wir nie die Frage, wie sehr wir jemanden damit womöglich **verletzt** haben.

Es ist halt immer *leichter* über andere zu reden,
als seine eigenen Probleme und Fehler zu offenbaren.
Es ist *leichter*, sich aus Gerüchten ein Bild zu machen,
als einen Menschen und seine Persönlichkeit wirklich
kennenzulernen. *Leichter* über andere zu lachen
als über sich selbst. Und es scheint dabei,
dass man manch einen besser kennt als sich selbst.

Wir sollten lernen, uns *die Hände zu reichen*, lernen, nicht nur mit dem *Verstand*, sondern auch mit dem **Herzen** zu hören, lernen, mit dem Herzen zu **fühlen** und endlich lernen, in Zukunft die Menschen, die wir kennenlernen, nicht zu behandeln, als ob sie für Erfahrungen und Geschehnisse aus der Vergangenheit **verantwortlich** wären.

Du hast was gehört?
Ja, ich auch ...

Einen Schritt weiter ...

Ich habe erfahren und festgestellt, dass ich an gewissen *Tatsachen und Erlebnissen nichts ändern kann.*

Ich kann sie hinnehmen, wie sie sind,
aus ihnen **lernen**,
aber das Geschehene nicht ungeschehen machen.
Ich kann sie **verarbeiten**,
durchdenken, verdrängen,
aber ich kann sie nicht **vergessen.**

Es sind
jene Erfahrungen, dessen Erinnerungen
mir im Herzen eine Narbe hinterlassen haben.
Jene Erfahrungen, die mich prägen, zeichnen
und zu dem machen, der ich heute bin.

An vielen dieser Erfahrungen hatte ich lange zu *kämpfen,* aber es bringt nichts, in der Zeit zu *versinken* und sich mit etwas *kaputtzumachen*, das nicht zu ändern ist.

Es war nicht immer leicht, den Kopf und vor allem das Herz davon zu überzeugen, aber letztendlich **das einzig Richtige,** um den Weg in Richtung Zukunft problemlos zu gestalten und zu gehen.

Einen Schritt weiter?
*Ja, einen von vielen im Leben,
manch einen für den Moment,
aber jeden, der uns zu dem Menschen macht,
der wir heute sind ...*

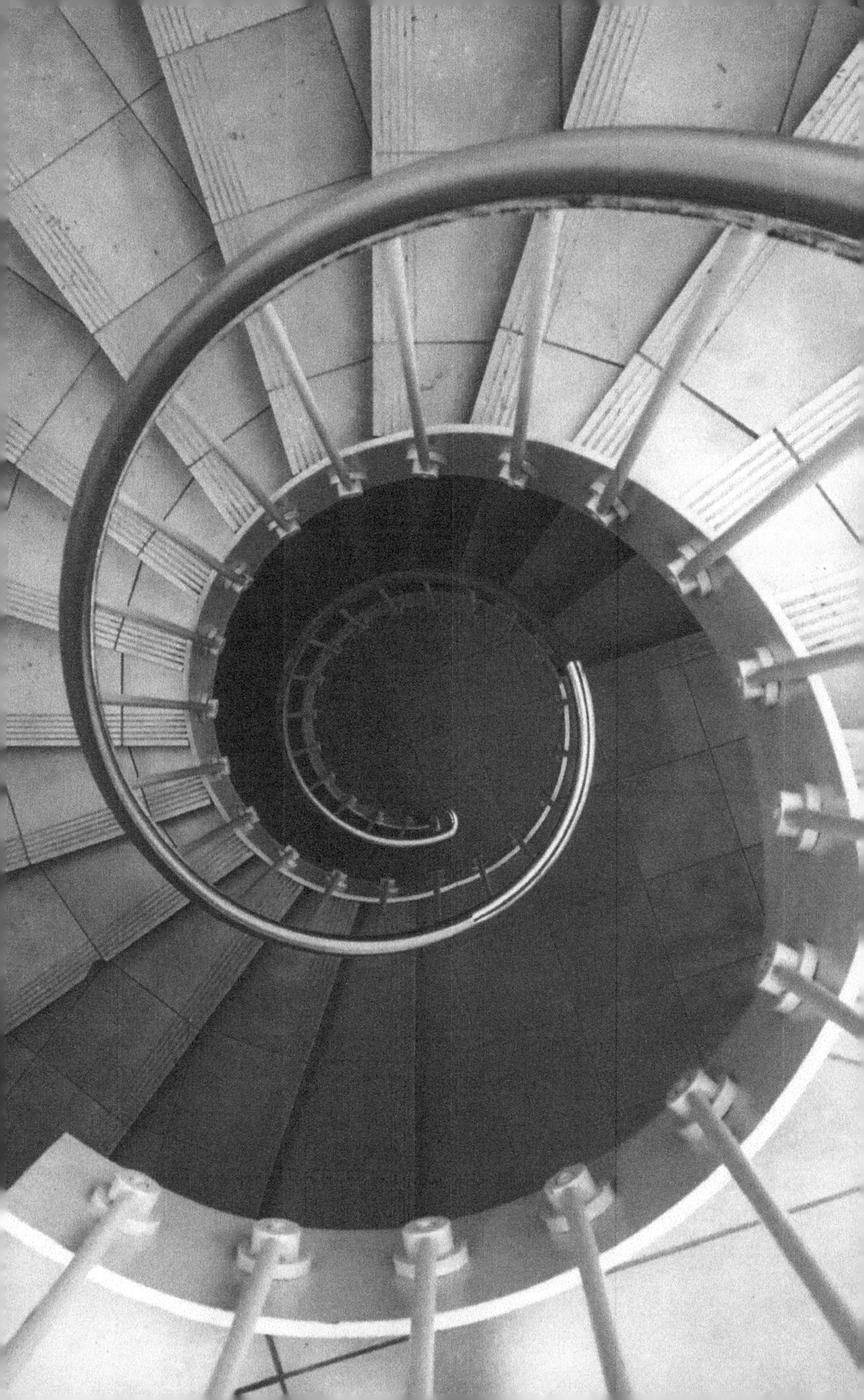

Unbeschreiblich ...

Niemand möchte oberflächlich geliebt werden und doch schauen die meisten nicht genau genug, nicht tief genug und übersehen somit vieles, was ihr Gegenüber doch so oft offenbart oder einfach nicht offenbaren kann.
Ich denke, jeder sucht nach einem bestimmten Menschen, der einem das Leben schöner machen kann.

*Jemanden,
an den man immer denkt und der einem alles,
aber auch wirklich alles bedeutet.*

Jemanden, der all deine Wünsche von deinen Lippen und Augen abliest.

Einen Menschen, der einem nicht nur sein Ohr zum Zuhören schenkt.

Nein, **jemanden**, der einen auch dann versteht, wenn man nichts sagt.

Einen Menschen, der dich ansieht und weiß, dass irgendetwas nicht stimmt.

Jemanden, der dich fest in seinen Armen hält, bei dem du dich einfach wohlfühlst und jeden einzelnen Moment genießt.

Viele glauben, dass sie diese **bestimmte Person** nie finden werden, aber man sollte trotz vieler Niederschläge, die Hoffnung daran nie verlieren.
Andere glauben, dass sie die Liebe fest besitzen, fangen

dann aber an, den geliebten Menschen zu vernachlässigen, zu ignorieren und zu verletzen, aber merken nicht, dass das Band zwischen ihnen schon längst am Reißen ist.

*Liebe ist das,
was Menschen
miteinander verbindet.*

Liebe ist das Vertrauen zwischen zwei Menschen,
den anderen so zu akzeptieren, wie er ist.
Die stärkste Macht, unvergesslich, eine tiefgehende
Verbindung, wortloses Verstehen, sich geborgen und
verstanden fühlen und sicherlich noch vieles, vieles mehr.

*Ein Geben und Nehmen von all dem,
was man hat und fühlt.*

**Lieben heißt auch
in schlechten Zeiten zusammenzustehen,
zu fallen und auch zu leben.**

Sie ist oft kompliziert, aber kann doch so einfach sein.
Sie ist oft schmerzhaft und kann doch so schön sein.
Sie ist oft verletzend und kann dann doch so heilend sein.

Liebe ist manchmal traurig, oft das Schönste,
aber immer das Wichtigste im Leben!

Liebe ist?
UNBESCHREIBLICH.
♥

Träume und Realität ...

Manchmal vergesse ich die Realität für einen Moment und fange an zu träumen.

Träume,

die mich meinen Sehnsüchten und Wünschen ein Stück näherbringen, leiten mich mit Liebe und Leidenschaft, geben mir Kraft für Ziele und Zukunft und zeigen mir, wonach sich mein Herz sehnt, wofür es lebt, bebt, schlägt und kämpft.

Träume,

die gezeichnet sind von Liebe und Leben, begleitet von Menschen unseres Herzens.

Aber ganz allein, nur von uns gefühlt, sind all die Träume, die wir im **Hier** und **Jetzt**,
im Heute und Morgen
und vielleicht auch *für immer* leben wollen.

Diese Träume in Realität zu verwandeln, ist nicht immer leicht, und es ist oft mit viel Kraft, Mühe und Schmerzen verbunden.

Aber was im Leben ist schon leicht?!

Es ist wichtig, an Träumen festzuhalten, aber noch wichtiger ist es, aus diesen Träumen aufzustehen
und zu realisieren, was zu verwirklichen ist.

Manchmal ist die Realität so erschreckend, dass man nicht mehr aus diesen Träumen aufstehen will.

Man kann sich in eine Welt verirren, die nicht existiert und sich darin verfangen, ohne zu merken, dass es schon lange nichts mehr mit dem eigenen Leben zu tun hat.

Für diese Träume treffen die verschiedensten Gründe zusammen und jeder schreibt seine eigenen Gründe, die kein anderer außer dir selbst versteht.

Ich träume von so vielem,
aber wenn ich nicht bereit bin, etwas dafür zu tun, wird sich an meinem Leben nie etwas ändern.

Oft träume ich unbewusst,
verarbeite diese Träume dennoch bewusst und kämpfe und lebe für das, was ich will, **für meine Ziele, Sehnsüchte, Wünsche und für meine Zukunft.**

Die Zukunft, die ich schreibe und lebe,
mit Menschen, die mich begleiten
und mich aus diesen Träumen wecken,
wenn es Zeit wird zu leben.

Träume?

Ja, sie sind wichtig,
aber ich vergesse niemals die Realität dabei ...

Gutherzigkeit ...

Manchmal frage ich mich, ob es wirklich richtig ist **so gutherzig zu sein.**

Immer zu geben, auch wenn ich weiß, dass ich nichts zurückbekomme. Doch liegt es in meiner eigenen Kraft zu entscheiden, wem oder was ich selbst bereit bin zu geben und zu schenken. **Beeinflusst von Herz und Verstand,** begleiten mich Erinnerungen, Gefühle, Liebe, Schmerz und noch so vieles mehr, die mich zu diesen Handlungen führen oder manchmal auch verführen.

Ich habe es nie bereut zu geben, eher noch hat es mir gezeigt, wie meine Mitmenschen damit umgehen, *welchen Stellenwert es bei ihnen hat,* und ob sie sich in ferner Zukunft überhaupt noch daran erinnern konnten.

Es liegt in der **Natur vieler Menschen,** *immer nur zu nehmen* und **selbst nie zu geben**, aber ihnen ist es selbst überlassen, denn schließlich hat jeder seine eigene Ansicht von *Wert* und *Leben*.

In der Liebe gibt man mit dem Gedanken und mit dem Gefühl aus tiefstem Herzen. Man gibt niemals mit der Erwartung, etwas zurückzubekommen.
Lediglich mit der Hoffnung, dass das, was man gibt, diesen Menschen glücklich macht und man ein Stück seiner Freude empfängt und mit ihm teilen kann.

Es kommt halt nicht immer darauf an, was man gibt oder bekommt, sondern wie man damit umgeht.

Der Anfang einer Entscheidung ...

Wer kennt nicht schon das Gefühl, irgendwo zu sitzen und über alles und jedes nachzudenken. Man zerbricht sich den Kopf und weiß letztendlich nicht, welchen Schritt man wirklich machen soll.

So viele Fragen,
auf die wir keine Antworten haben.

So viele Antworten,
für die wir keine Erklärung haben, und

so viele Gedanken und Gefühle,
die wir einfach nicht zu sortieren wissen.

Daraus folgt, dass das Denken den Schritt zum Handeln einleitet, und das Handeln der Schritt der Erfahrung ist. Die Erfahrung und das Erlebnis sind ausschlaggebend für die Gegenwart und vor allem für unsere Zukunft, denn in und mit ihr leben wir all das, was wir Vergangenheit und Leben nennen.

So lebe ich die gestrigen Tage in meiner Gegenwart, nehme sie mit in die Zukunft und entscheide oft anhand dessen, was und wie ich mit gewissen Erlebnissen und Begegnungen umgehe.

Jede noch so kleine Entscheidung kann dein Leben verändern, aber vergiss nie, *sie fing in deinem Kopf oder deinem Herzen an.*

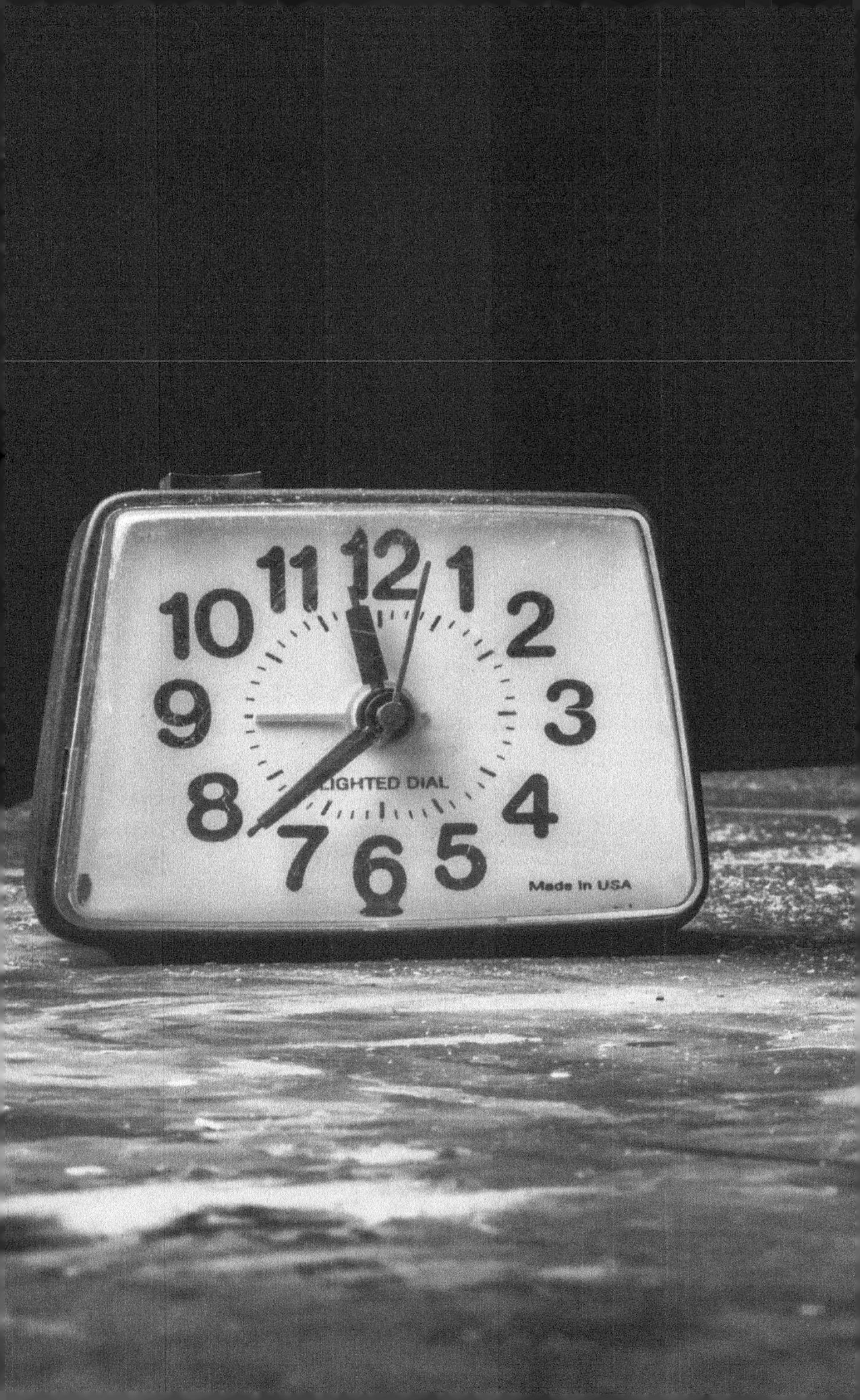
LIGHTED DIAL
Made In USA

Mit der Zeit ...

**Die Menschen, die wir mal kennengelernt haben,
sind oftmals nicht mehr dieselben.**

In manchen Momenten frage ich mich, was aus ihnen geworden ist, warum sie so fremd wirken und was diese Veränderung hervorgerufen hat.

**Es waren Menschen meines Lebens,
Menschen, die mir versprachen,
niemals von meiner Seite zu weichen.**

Menschen, die mir sagten, dass sie meine Hand stets halten, mich respektieren und schützen. Aber all das waren nur Worte, die gefühlt oder gar nur in dem Moment gedacht waren.

**Dieses und viele andere Dinge sind Gründe,
warum ich gewisse Ansichten,
Gedanken und Gefühle verändert habe.**

Trotz allem bin ich bei all dem immer ich selbst geblieben. Nicht nur die Zeit verändert einiges, sondern wir selbst tun es auch. Manchmal bewusst und manchmal auch, ohne es zu merken.

**Wir sollten nie vergessen,
wer wir sind,
welche Träume wir haben
und vor allem,
wofür wir atmen und leben ...**

Pure Gedanken ...

Zärtlich streichle ich über deine Wange
*und fange **die Träne – die Träne**,*
die dein Herz entsendet,
um sich von den Schmerzen zu lösen.

Tränen, die deine Augen reinigen
und dir den Blick nach vorn wieder ermöglichen.

Durch ein heftiges Schlagen signalisiert dir dein Herz,
dass dich ein Gefühl einnimmt, das du nicht bändigen
kannst. Es entfacht die Flammen deines Herzens und in
ihm gefesselt sind die **Erinnerungen – die Erinnerungen**,
die du fühlst in jenem Moment.

Bedenkenlos fange ich dich auf
*und führe dich an einen **Ort – einen Ort**,*
der bewohnt ist von Liebe, Glück
und alles, was du schreibst in Sehnsucht,
Träume und Wünsche.

Du legst dich nieder,
dein Atem ist klar,
dein Herz schlägt taktvoll,
die Sonne scheint.

Du bist bereit für neue Gedanken, bereit für neue Gefühle
*und bereit, alles **hinter dir zu lassen – hinter dir zu lassen**,*
weil du beschlossen hast, endlich glücklich zu werden ...

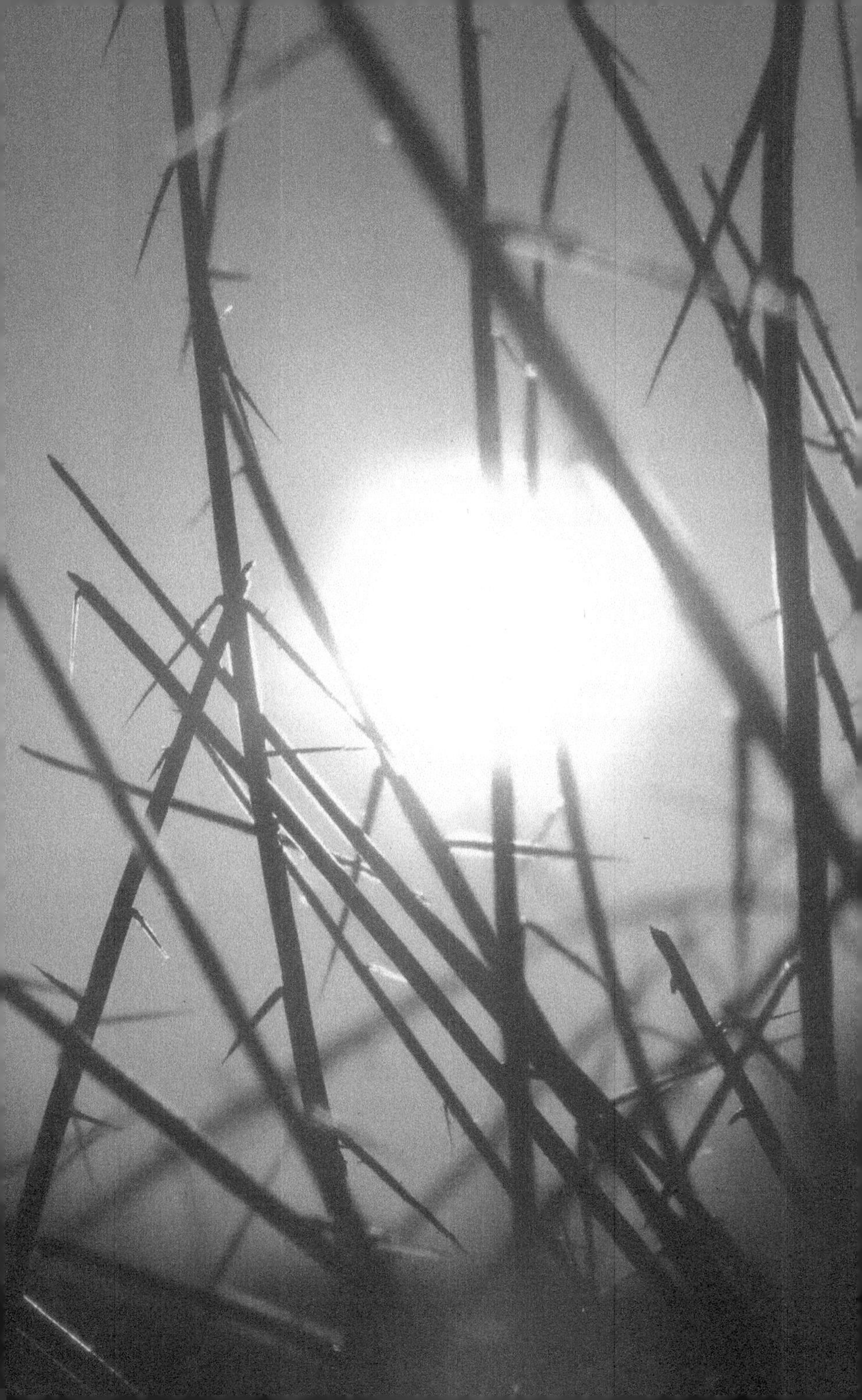

Das nächste Kapitel ...

Es wird immer einen dieser Momente geben,
in denen du nicht verstehst und nicht erklären kannst,
was gerade mit dir und um dich herum geschieht.

Einen dieser Momente,
der dich *zu Boden reißt* und dich auf die Knie zwingt.

Einen dieser Momente,
in denen du *nichts zu sagen weißt,* Leere fühlst
und das Gefühl von Leben dir unerreichbar fern scheint.

So nehme ich einen dieser Momente und
multipliziere *ihn mit den Erfahrungen der Vergangenheit.*

Das *Produkt dessen ziehe ich ab von der Kraft,* die ich habe
und muss oft feststellen, dass diese Kraft für solche
Momente gar nicht mehr vorhanden ist, die Energie
aufgebraucht ist und die Kraft ausgeschöpft.

*Die Hoffnung auf Mut und Glück vergeht
wie der Duft einer Rose, die keine Bedeutung mehr hat.*

Meine Gedanken verirren sich im **Labyrinth der Gefühle**,
doch fühle ich deutlich den **Schlag meines Herzens**,
kontrolliere mein **Ein- und Ausatmen**,
ehe ich anfange, **einen Weg zu beschreiten**
und eine Kraft zu schöpfen, **dessen Herkunft**
mir manchmal unbewusst und **fremd erscheint**.

Es ist die Hoffnung, die mir leise zuflüstert,
dass ich nicht aufgeben soll,
die mir zuflüstert, stark zu bleiben
und mir Mut macht, das zu erreichen,
**wovon ich träume und was ich liebe,
wofür ich stehe, kämpfe und lebe.**

Die Hoffnung,
die sich aus Menschen ergibt,
die wir **lieben**,
und aus Menschen,
von denen wir **geliebt werden**.

*Ich schließe das Kapitel,
die Sonne scheint,*
die Rose bekommt einen neuen Duft,
*und ich schreibe eine neue Erfahrung
und ein neues Leben ...*

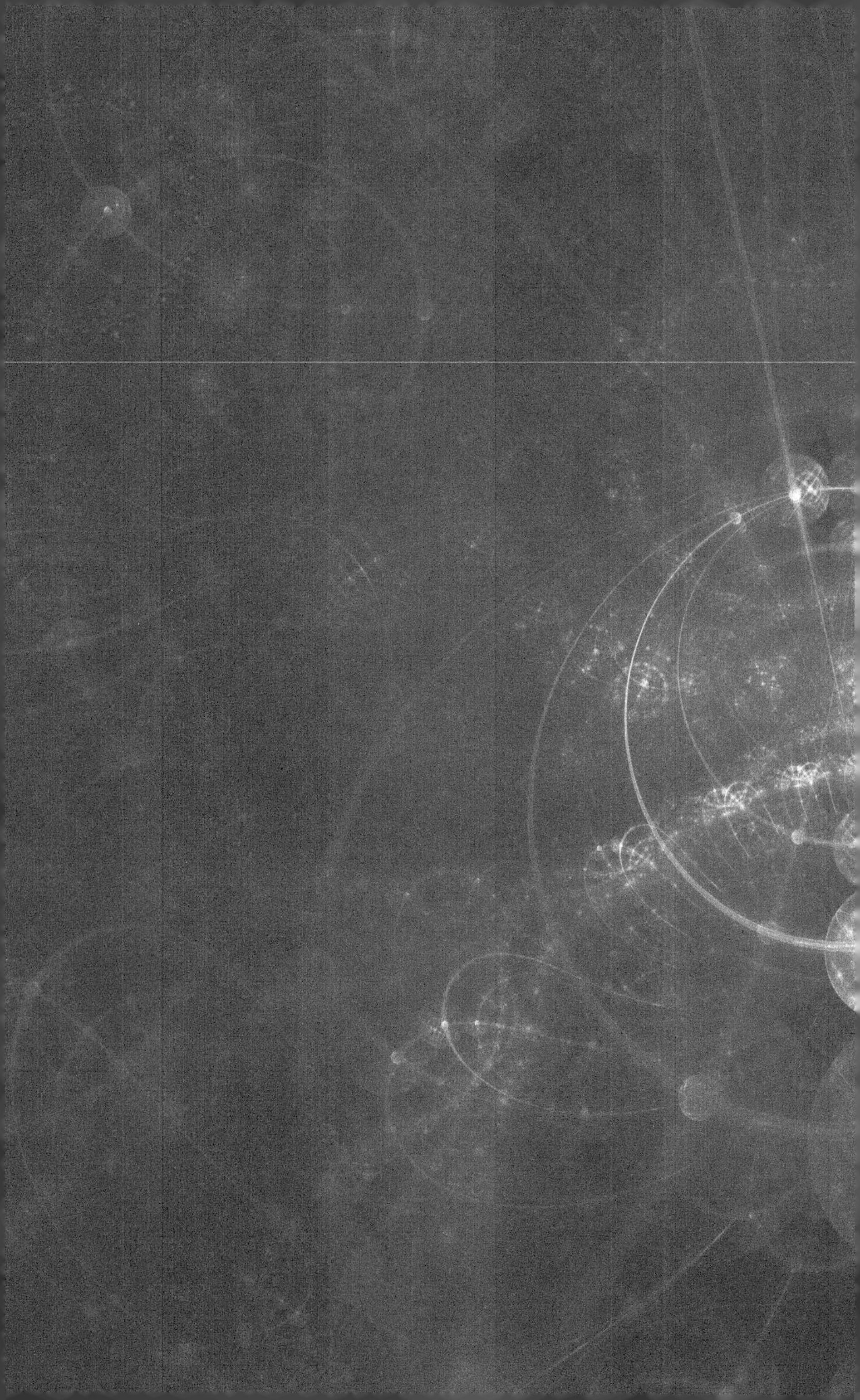

Zeit und Zufall ...

Wenn der *Zufall* und die *Zeit* sich treffen,
um gemeinsam etwas zu **planen**,
entstehen meist viele seltsame *Erlebnisse*.
Man nennt sie die **Tyrannen der Zeit**,
aber sind sie es wirklich?

**Der Zufall ist unvorhersehbar
und kommt meistens unerwartet.
Es gibt ihn in zwei Versionen:**

Der Zufall, der schlecht ist, weil er vielleicht schlechte Erinnerungen hochkommen lässt. Der Zufall, der etwas verursacht, was einem wehtut. Der Zufall, der eine schlechte Nachricht mit sich bringt.

Und der Zufall, der all das raubt, was uns die Kraft, die Hoffnung, den Mut und den Willen gibt.

***Aber es gibt auch den guten Zufall!
Der Zufall, einem besonderen Menschen zu begegnen.
Der Zufall, der einen glücklich macht mit einer tollen Nachricht. Der Zufall, der dich eine Person finden lässt, die du lieben lernst. Und der Zufall, der all das weckt, was dir Kraft, Hoffnung, Mut und den Willen für alles schenkt.***

Und die Zeit?

Ja, gerade die Zeit zeigt uns doch so vieles im Leben.
Sie ist kostbar und sollte in jeder Sekunde genutzt
und ausgekostet werden.
Die Zeit kann man weder zurück-, noch vordrehen.

Sie ist

der Moment, in dem wir gerade atmen,
der Moment, in dem wir gerade sehen und vor allem
der Moment, in dem wir gerade leben.

**Nutze deinen Tag,
deine Chance,
deinen Moment,
deinen Zufall
und nutze deine Zeit ...**

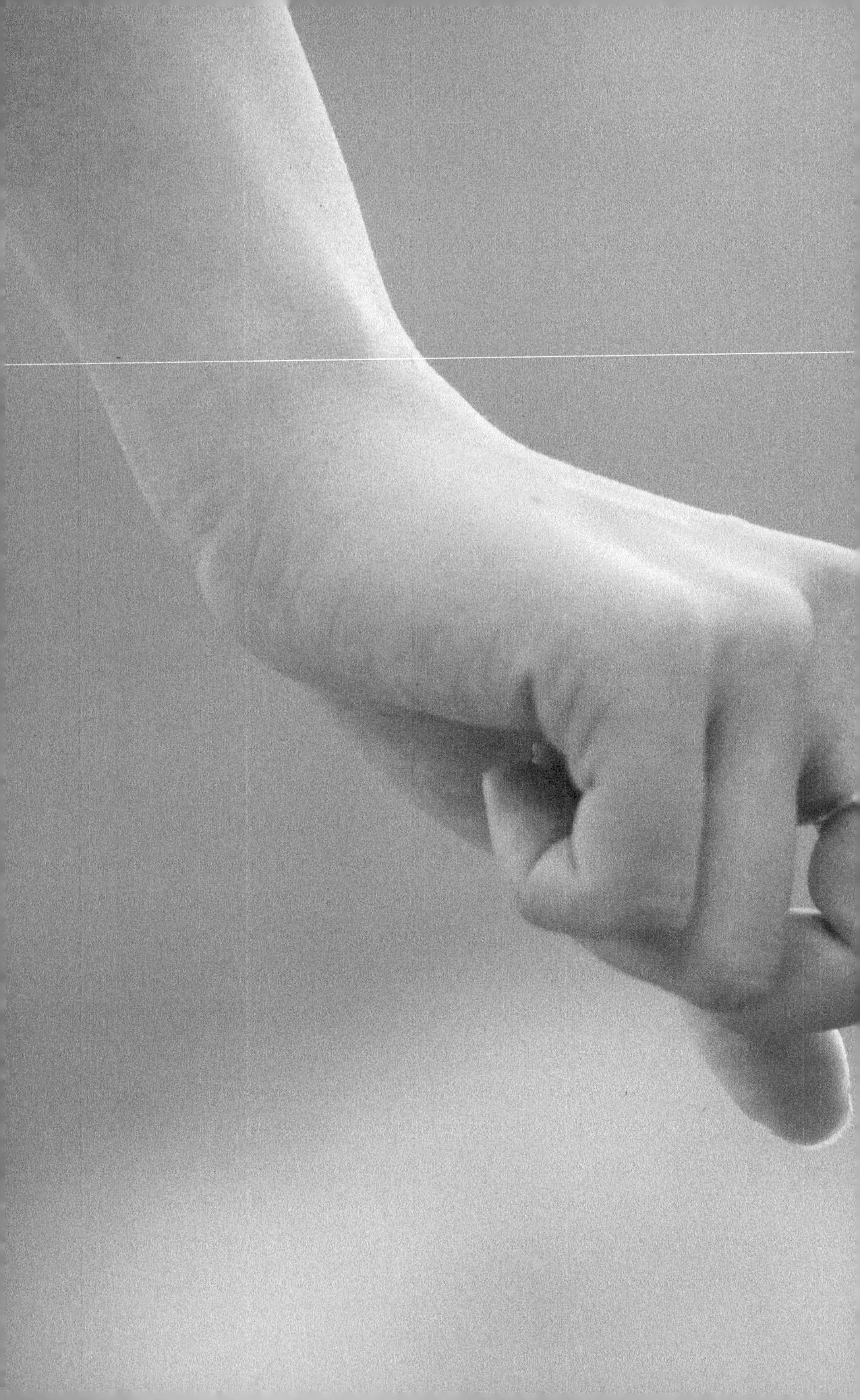

Liebe ist mehr ...

Wenn du einen Menschen liebst,
dann handelst du **nicht** mit deinem Verstand,
sondern mit deinem **Herzen**.
Und damit meine ich,
dass es vom *ganzen Herzen*
kommen muss.

Denn das, was wir wirklich wollen,
entscheidet **das Herz**, niemals der Verstand.

Den Anschein zu lieben *machen* viele, *können* viele und *nutzen* viele. Und diese *wissen* leider erst, wie bitter es schmeckt, wenn sie die Erfahrung **selbst** gemacht haben.

Liebe ist kein Spiel und die Menschen, denen man diese gesteht oder vortäuscht, *nicht das passende Spielzeug.*

Menschen, denen das zugestoßen ist, sind meist **wachsamer** und **vorsichtiger**, tragen in der Zukunft *Schmerzen* oder sogar *Narben* mit sich.

Und so begleitet sie die Liebe mit Angst, und oftmals ist es leider so, ***dass diese deswegen nicht zustande kommt oder in Brüche geht.*** Aus Angst vor einer Enttäuschung reden sie sich ein, dass ihnen dieser eine Wunsch gar nicht so viel bedeutet und beenden es, **bevor es angefangen hat.**

Und wofür das alles? Für den Spaß eines Menschen, dem man diese Erfahrung nur wünschen kann.

Liebe ist **kein Schauspiel** und sollte sicher nicht der Nutzen von materiellen Dingen oder anderen Bedürfnissen sein.
Sie sollte in ihrer Pracht **genossen, genommen** und vor allem **gegeben** werden. Lieben heißt für mich nicht nach der Herkunft, der Größe, dem Gewicht, dem Wohlstand oder Ähnliches zu gehen.

Viel mehr heißt es doch, einander zu **schätzen, respektieren** und **akzeptieren**. Es heißt, füreinander da zu sein, **in guten wie in schlechten Zeiten.**

Hinter jemandem zu stehen, auch wenn sich die ganze Welt gegen ihn gestellt hat und auch dann hinter dem Menschen zu stehen, wenn er eine falsche Entscheidung getroffen hat.
Ihm die Gefühle geben, die seine Seele und sein Herz beflügeln.

Es heißt, jemanden in seinen Wünschen zu unterstützen und an ihm festzuhalten.

Liebe ist soviel mehr, als wir beschreiben könnten. Das Gefühl von dem wir nicht genug bekommen können, aber nie vergessen sollten, auch genug davon zu geben.

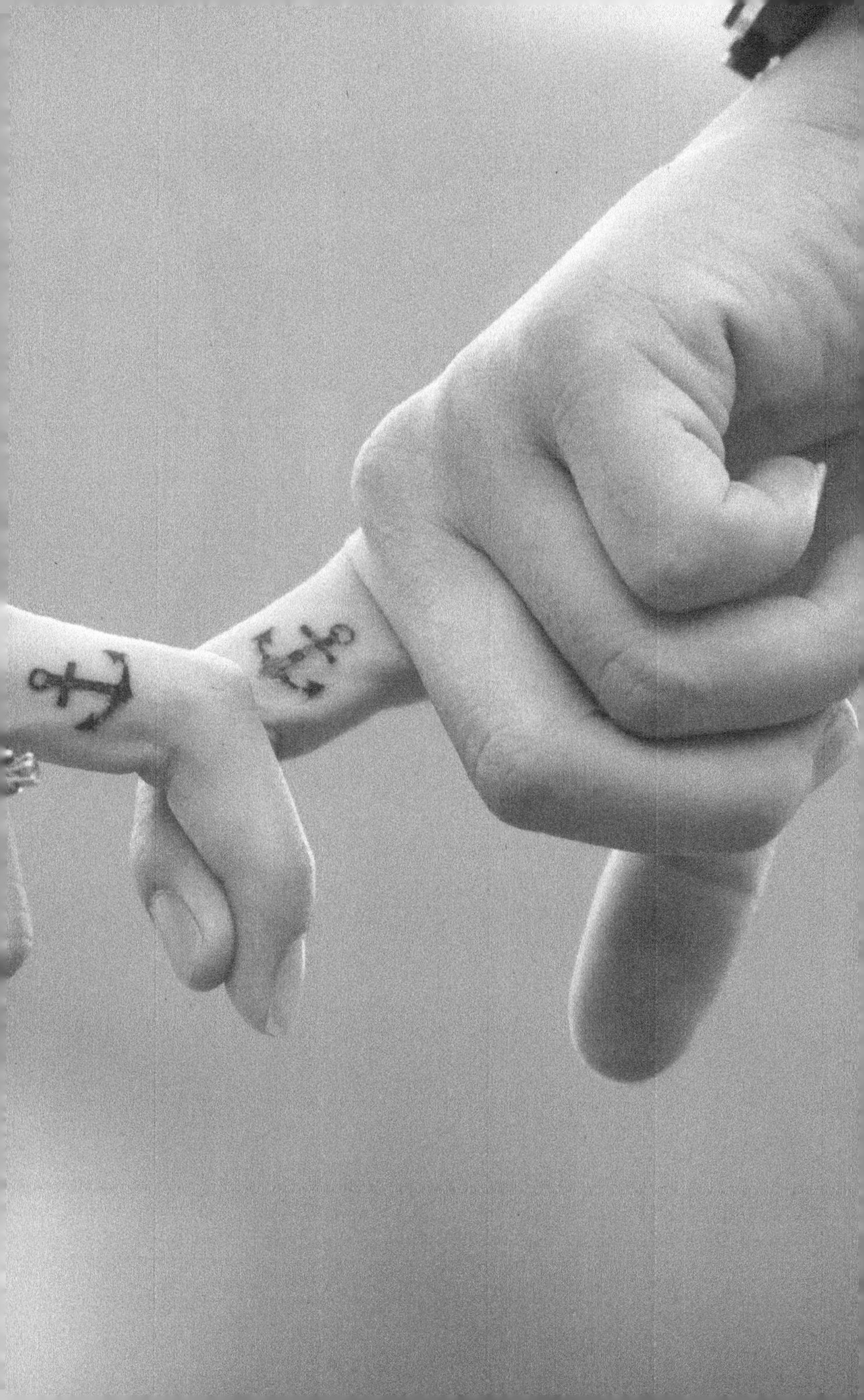

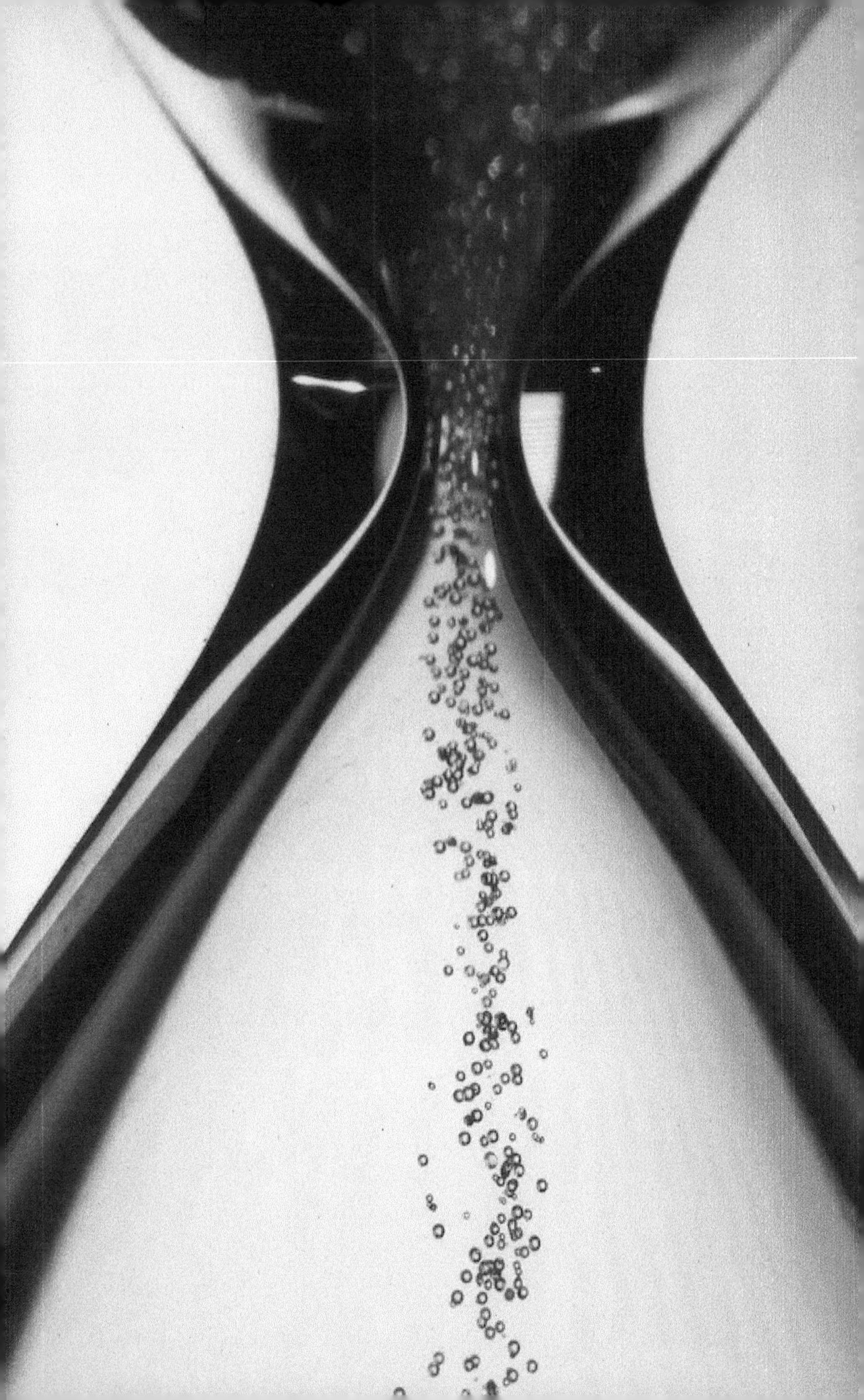

Sandkörner ...

Ich sehe, wie die Zeit davonläuft.
Stell dir eine **Sanduhr** vor und achte darauf,
wie sie **ihr letztes Sandkorn verliert**.
Es fällt herunter, gleicht den tausend anderen,
und doch ist jedes Sandkorn einzigartig.

Wie diesen Sandkörnern ergeht es oft
auch unseren **Gedanken und Gefühlen**,
wenn sie sich in eine Welt verirren,
die uns anfangs oft sehr fremd erscheint.

In dieser Welt zählen
wir die **Momente und Erinnerungen**,
ergänzen wir die Gedanken und Gefühle
und **bekommen einen Teil des Lebens**.

Die Geschichte scheint geschrieben,
das **Leben zieht vorbei** und die Zeit läuft davon.
Die Sandkörner sitzen fest,
wie **jeder Augenblick** in unserem Leben.

Aber denk immer daran,
du kannst die Sanduhr drehen
und deinen Gedanken und Gefühlen neue Zeit
und auch einen neuen Platz widmen.

Die Zeit läuft, die Sandkörner fallen, und ich wünsche euch
in jedem dieser Sandkörner das Glück, den Mut, die Kraft
und die Liebe, die ihr im Leben braucht ...

Wenn du ...

Wenn du **es schaffst**, meine Seele zu entfesseln,
es schaffst, mir meine Augen zu öffnen, und
es schaffst, mein Herz zu berühren,
dann begleitet mich der Geist deiner Seele,
öffnet sich mein Blick in die Ferne
und begleitet mich die Wärme deines Herzens.
    Wenn du **es schaffst,** meine Mauern zu brechen,
      es schaffst, meine Masken zu senken und
        es schaffst, meinen Bann zu brechen,
  so begleitet dich der Mensch, der ich wirklich bin.
Wenn du **es schaffst**, meine Tränen zu trocknen,
es schaffst, meinen Schmerz zu lindern und
es schaffst, an meine Zukunft zu glauben,
so schenkst du mir ein Teil des Lebens.
      Wenn du mich siehst, wie ich bin,
    mich mit Gedanken und Gefühlen respektierst
   und mich mit Leib, Herz und Seele akzeptierst,
 so hast du es geschafft, den Menschen kennenzulernen,
          der ich wirklich bin.
Wenn du? Ja, wenn du nur einen Teil dessen gesehen,
gelebt oder in mir gefühlt hast,
hast du **es geschafft,** mir ein Stück näherzukommen.
Es geschafft, ein Teil meines Lebens zu werden,
denn in solchen Menschen finden wir Vertrauen,
Hoffnung, Stärke, Mut und Liebe,
das Leben positiv zu meistern.

    Wieder einmal für alle Menschen geschrieben,
     die für mich da sind, für **ALLE** Menschen,
die ich liebe und für **ALLE** Menschen, für die ich lebe ...

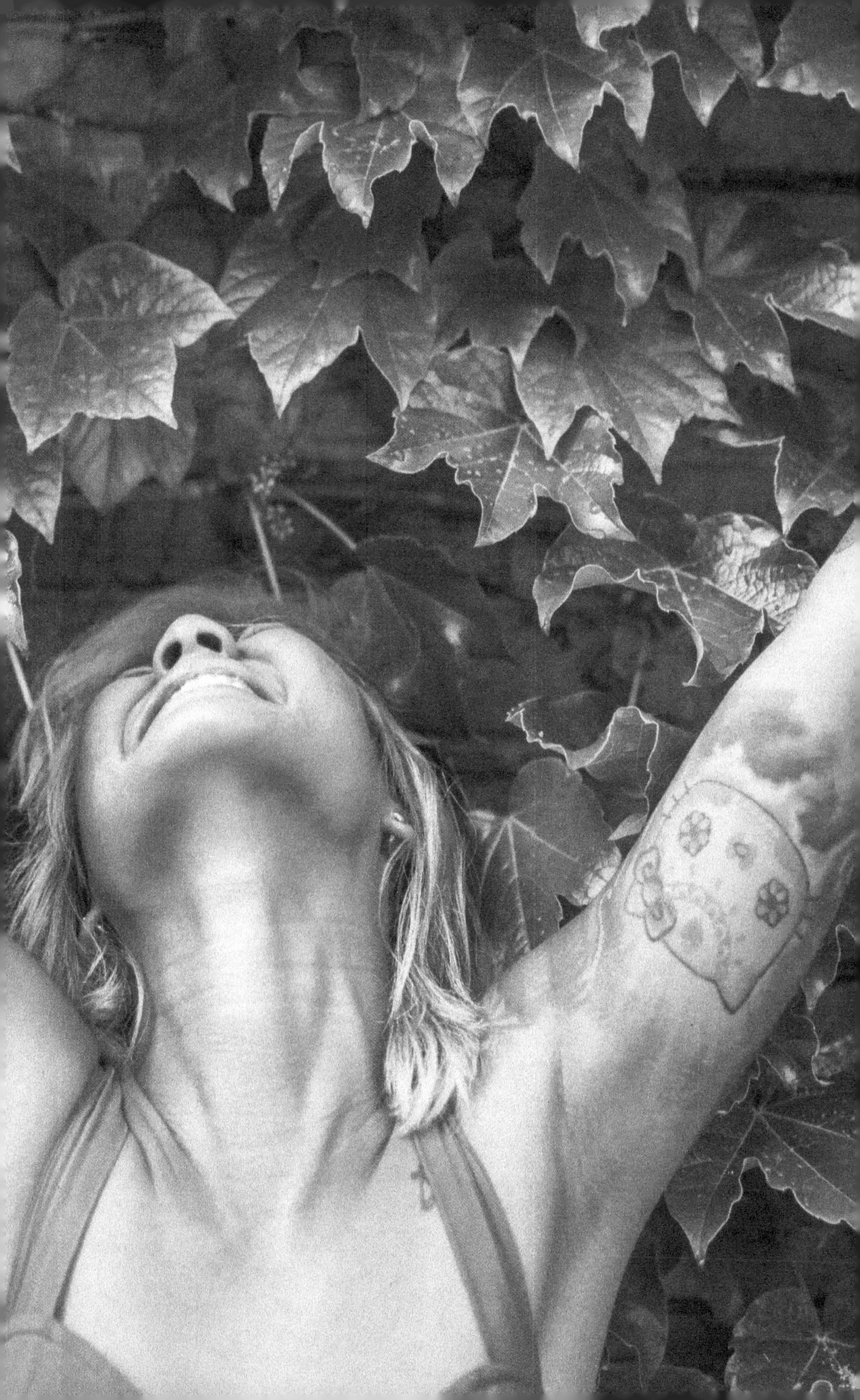

Was ist mit dir ...

Ich gehe durchs Leben und treffe *meine eigenen Entscheidungen*, ich tue das, **was ich für richtig halte** und das, *was mich glücklich macht*.

Zumindest versuche ich es, denn mir ist *so oft* bewusst geworden, dass es auch nach dem härtesten Niederschlag **weitergehen muss**.

Es fällt mir schwer *zu vergessen*, so als hätte sich etwas in *meinem Herzen niedergebrannt*.
Es fällt mir schwer *zu kämpfen*, denn nach all den **Enttäuschungen** und **Schmerzen** bin ich müde geworden. *Und manchmal fällt es mir schwer zu lieben, zu glauben und noch zu hoffen.*

Ich sagte, es fällt mir schwer, aber nicht, dass ich nichts daran ändern will oder dagegen tue.
Nun schmunzle ich doch, denn ich weiß, dass Worte *leichter* und *schneller* geschrieben und gesprochen sind, als man sie **umsetzen** und **leben** oder **erleben** kann.

Ich weiß, wie bitter dieses Leben *schmecken* kann, welche Auswirkungen *gewisse Erlebnisse* haben und dass wir oft denken, *keine Kraft* mehr zu haben.
Aber ich weiß auch, dass das Leben **schön** sein kann, **voller Liebe** und **Glanz, voller Glück** und **Leben**.
Und ich bin bereit, all dem zu begegnen und auch etwas dafür zu tun.

Und nun sag mir: Was ist mit dir?

Richtig und Falsch ...

Es ist nicht immer einfach, das **Richtige** zu tun, aber wir können uns trotzdem bemühen, ein *guter Mensch* zu sein.

Richtig ist meist das, was wir mögen und als gut empfinden und *falsch* alles, was wir hassen und nicht mögen.

Somit fängt die Differenzierung
von *richtig* und *falsch* sowie *gut* und *schlecht*
immer bei der eigenen Betrachtungsweise an.

Wir sollten dazu stehen, was wir sagen, machen und wer wir sind. Aufhören jemand zu sein, der wir nie sein werden oder uns verstellen, damit wir akzeptiert und geliebt werden. **Wir sollten anfangen,** uns selbst zu akzeptieren und zu lieben, wie wir sind.

**Immer wieder habe ich bemerkt,
dass es verdammt wichtig ist, sich selbst zu lieben.**

Wir sollten viel mehr geben und die *glücklichen*, aber auch *traurigen* Momente des Lebens, mit den Menschen teilen, *die uns wichtig sind.*

Auch heute sind Worte leichter geschrieben und gesagt als getan, aber wenn ich heute nicht anfange, mich zu **akzeptieren**, mich zu **lieben** und zu **leben**, dann könnte es *morgen bereits zu spät sein.*

Schätze jeden Moment, jeden Menschen, der dich **liebt** und vor allem jeden Menschen, den du selbst **liebst**.

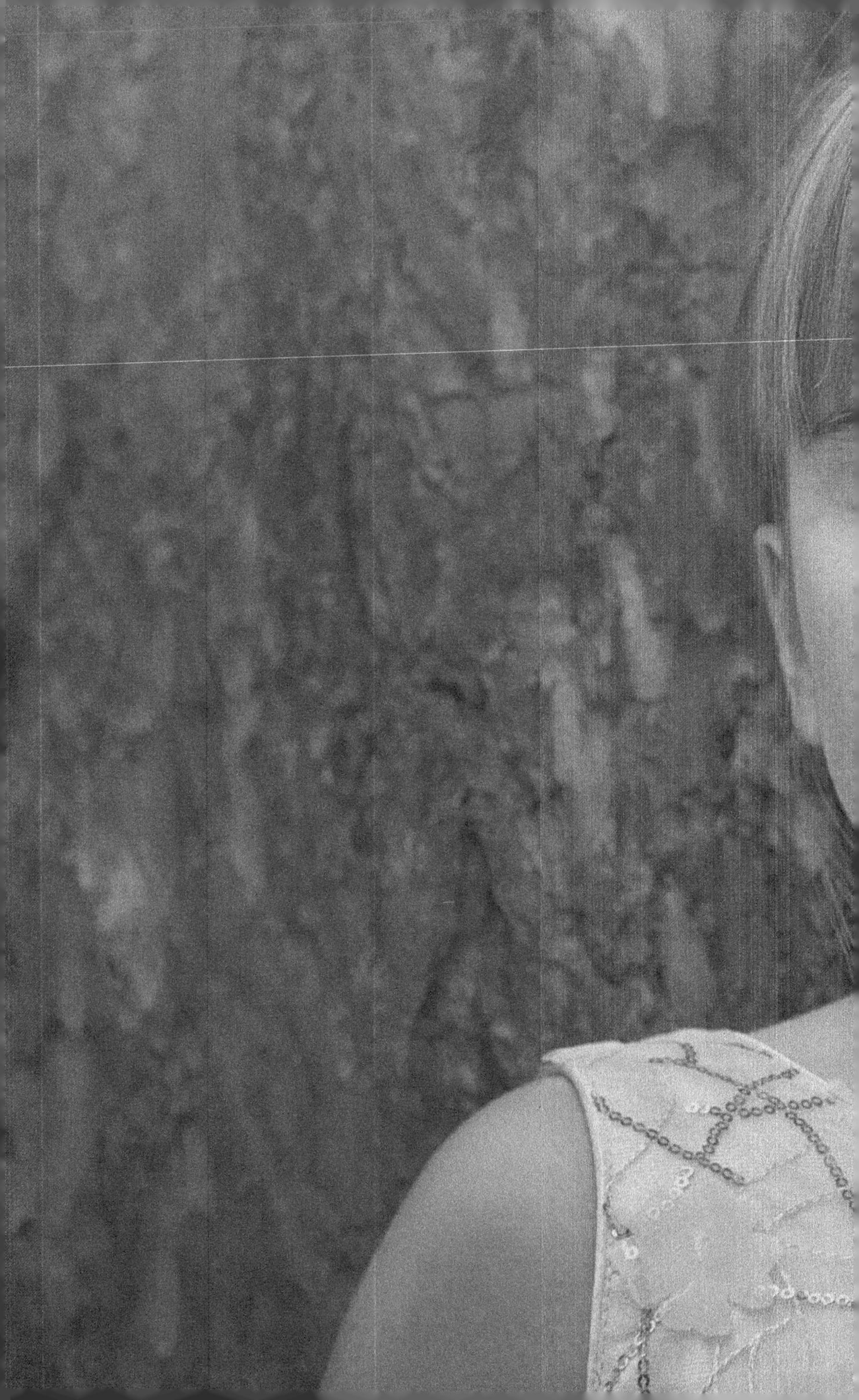

Märchen ...

*Märchen sind das Ideal von Liebe und Menschlichkeit,
sie wecken die Sehnsucht nach dem, was wir gerne hätten.*

Bedingungslose, ehrliche, ewige Liebe. Ein Traum, der nie vergeht. Ein Mensch, der so eng mit dem eigenen Schicksal und dem eigenen Selbst verknüpft ist, dass im Grunde gar nichts schief gehen kann.

Liebe über Hindernisse hinaus. Vertrauen in den anderen, das niemals erschüttert werden kann. Ein »*Erkennen*« des anderen, das selbst böse Zauber und Flüche überwindet – das Idealbild, das sich jeder erträumt.

Das ist wohl Grundstoff unserer romantischen Träume, aber können wir in unserer Welt und unserer Zeit wissen, wer »*gut*« und wer »*böse*« ist?

Gibt es »**schwarz**« und »**weiß**«? Oder gibt es nicht in jedem von uns die »*Grauzone*«?

Wer kann behaupten, er sei vollkommen selbstlos, frei von jedem negativen Gedanken, frei von Misstrauen, frei von Ängsten?

Geht das überhaupt?

Man kann danach *streben*, aber jeder, der mehr als eine eindimensionale Figur auf dem Papier eines Märchenbuchs ist, wird niemals frei davon sein.

Daher wird es nie diese Märchen in unserer Welt geben, denn ein »*und wenn sie nicht gestorben sind*« oder ein »*sie liebten sich und taten Wohl ihrem Volke*« wird es nicht geben.

Und **trotzdem** sind sie **wichtig**, *diese Märchen*,
weil sie uns träumen lassen,
weil sie uns ein Ziel vorgeben, wie man vielleicht sein sollte.

Sie geben uns Illusionen, die enttäuschen,
aber ebenso auch Hoffnung,
dass nicht alles nur erdichtet ist.

Und eine Orientierung, was man selbst tun oder sein möchte, ganz gleich, was die Realität dazu sagt.

Märchen sind etwas »Gutes« in unserem Leben.

Wir lesen sie Kindern vor,
damit sie lernen,
was »**gut**« und was »**schlecht**« ist,
aber ich glaube, auch für Erwachsene ist es gut,
sie hin und wieder zu hören,
damit sie nicht vergessen,
**dass es auch eine Welt mit Träumen und Idealen gibt,
die vielleicht niemals wahr werden,
aber es sich lohnt, darauf hinzuarbeiten ...**

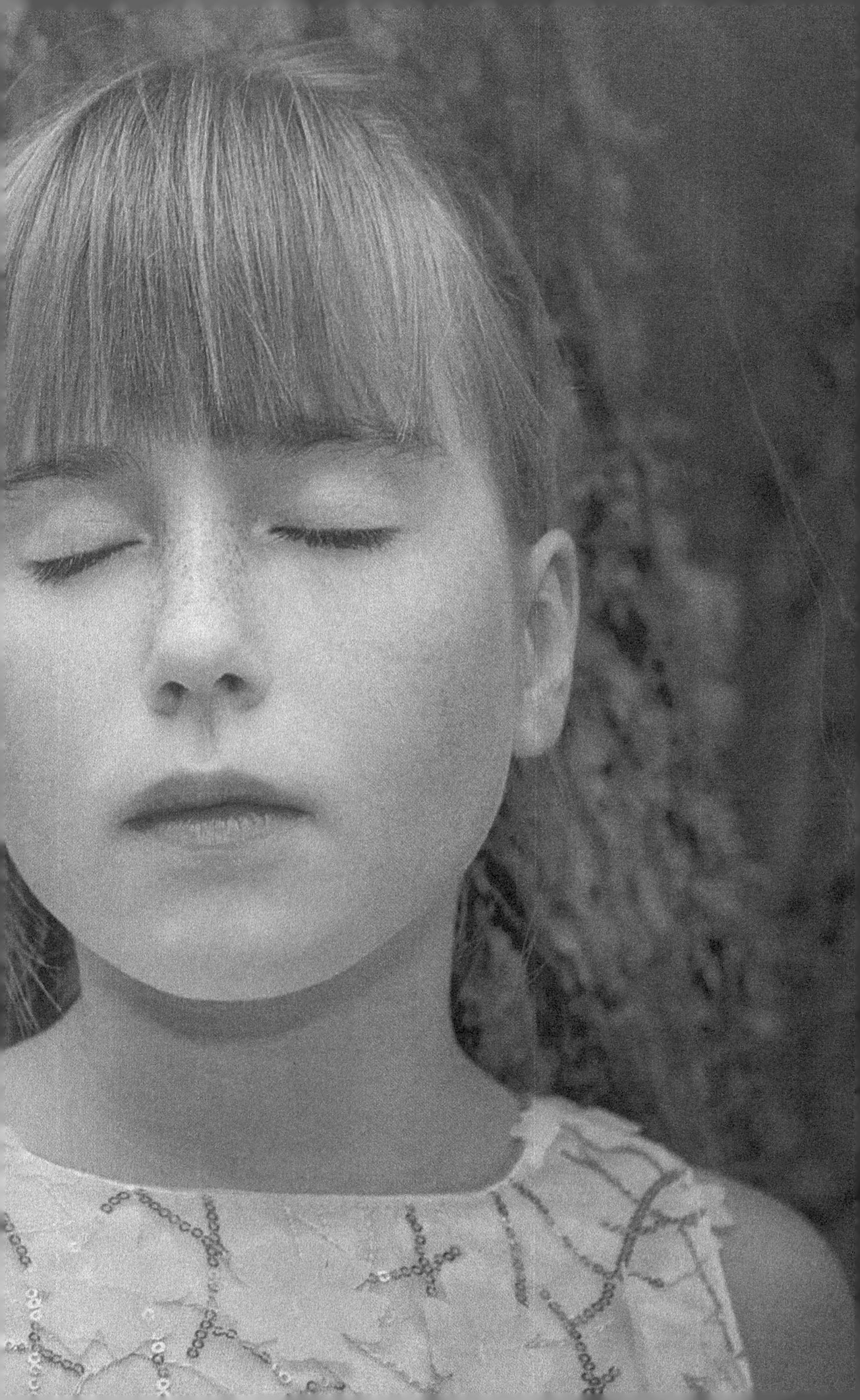

Spuren ...

Alle Dinge, die wir tun, hinterlassen Spuren.

*Manche Spuren im Leben sind lang,
manche kurz,
manche reizen nur die Oberfläche und
manch andere brennen sich tief in den Körper,
in das Herz und in die Seele ein.*

Hinterlassene Spuren können positiv,
aber auch negativ sein.
Spuren können vom Winde verweht
oder auch tief ins Herz gestochen werden.

**Viele dieser negativen Spuren
werden leider oft bewusst hinterlassen.**

*Und dabei ist den meisten leider nicht bewusst, welchen
Schaden sie anrichten. Die schönste Spur, die wir bei anderen
hinterlassen können, ist wohl die Liebe.
Aber auch das Glück, die Kraft, der Mut und viele andere
Sachen, die man miteinander teilen kann.*

**Wir hinterlassen Spuren,
wohin wir auch gehen,
mit wem wir auch reden,
wem wir auch zuhören,
wen wir auch sehen,
wen wir auch lieben
und egal was wir tun,**
wir hinterlassen immer eine Spur ...

Über die Liebe ...

Ich habe gelernt, dass Liebe nur in Freiheit wächst.
Wenn wir mit ihr spielen, *flieht sie.*
Wenn wir sie bedrängen,
oder versuchen zu ändern, *schwankt sie.*
Wenn wir unachtsam mit ihr umgehen, *leidet sie.*
Und wenn wir sie einsperren oder verletzen, *stirbt sie.*

Liebe ist immer freiwillig und lässt sich nicht erzwingen.
Sie wächst und gedeiht *wie eine wundervolle Blume,*
kann aber leider auch *genauso verwelken und sterben.*

Sie bedarf keiner Zeit, aber Achtsamkeit,
Pflege und zur Liebe gehört auch Liebe.
Wenn sie kommt, fragt sie uns nicht,
ob es passt und sie fragt auch nicht,
ob und wann sie wieder gehen soll.
Wir wissen nichts über die Dauer der Liebe,
wenn sie uns begegnet.

Für die einen ist sie ein *flüchtiger Moment,*
für die *Glücklichen* **ein Leben lang.**

Wir können für die Liebe kämpfen, aber niemals gegen sie.
Wir können die Liebe beschützen, aber sicher ist sie nie.

Liebe kann nur in ihrer **vollen Pracht** genossen werden,
wenn man bereit ist, *bedingungslos zu lieben.*
Liebe braucht stets **Akzeptanz, Verständnis, Respekt,**
Ehrlichkeit, Treue und **Bewunderung.**

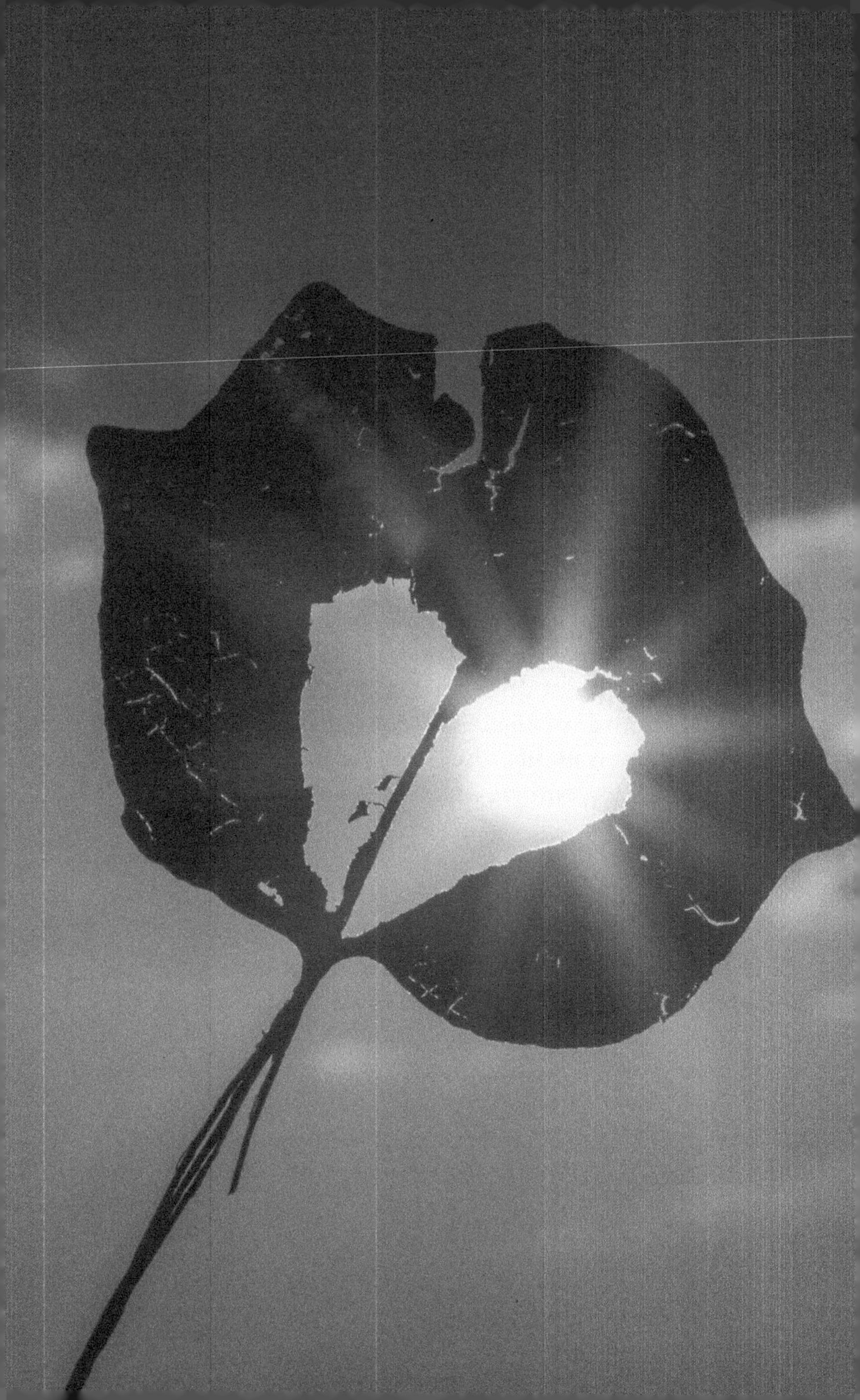

Gefühle ...

Meine *Gedanken* spiegeln sich
in dem **Glanz** meiner Augen wider.
Gedanken und *Gefühle*,
die meine **Seele** entsendet,
um gefunden zu werden.

Sie werden begleitet
durch den **Schlag meines Herzens** und
durch den *Geist meiner Seele.*

Meine *Gefühle* allein entscheiden,
wie ich den Tag **beginne** und auch *beende*.
Doch zu diesen *Gefühlen* gehören auch **Menschen**.
Menschen, die ich einst *geliebt habe*,
liebe und *immer lieben werde*.

Sie allein sind stets der **Anfang** glücklicher
und schöner *Gefühle* und *Momente*.
Gefühle, die ich schreibe in **Mut**, **Geborgenheit**
und vor allem mit und in **Liebe** für diese *Menschen*,
die gezeichnet sind in meinem **Herzen**.

Menschen, die ich nenne, *Freunde* und *Familie*,
Menschen, die ich nenne, *Freude* und *Glück* und
Menschen, die ich nenne, *Liebe* und *Leben*.

Sie sind der **Grund** für *Zeilen*,
die geschrieben worden sind,
mit vollem *Gefühl* und aus **Liebe** zu ihnen ...

Ich habe nie daran geglaubt ...

Oft fühlte ich mich allein und beschrieb mein Leben wie die **Nacht**. Doch in dieser **Dunkelheit** und in dieser Zeit der *Einsamkeit*, wurde mir wie so oft im Leben so vieles bewusst. In meiner Welt fühlte ich mich **unverstanden** und *allein* gelassen, denn

> meine *Augen* haben vieles gesehen,
> meine *Ohren* vieles gehört,
> mein *Kopf* viel gedacht und
> mein *Herz* vieles ertragen.

Ich bin gewachsen in *Enttäuschungen* und *Schmerzen*,
habe gelebt in *Einsamkeit* und *Trauer*,
aber habe die *Hoffnung* niemals verloren,
mein *Lachen* niemals verlernt
und niemals vergessen zu *lieben* und zu *leben*.
Ich habe niemals daran geglaubt, dass es Menschen gibt,
die so *denken* und *fühlen* wie ich.
Doch es gibt **Menschen**,
die um mein Lachen **kämpfen**,
die mir **zur** Seite stehen, mich **lieben**
und **akzeptieren**, wie ich bin,
und **glücklich** sind, mich zu **haben**.
Ich habe nie daran geglaubt,
jedoch die Hoffnung **nie aufgegeben**
und habe sie nun um mich herum.

Ich werde um sie **kämpfen**, ihnen **beiseite** stehen,
und sie ebenfalls **lieben** und **respektieren**, wie sie sind.
Und eines werde ich ganz gewiss, **sie nie wieder loslassen**.

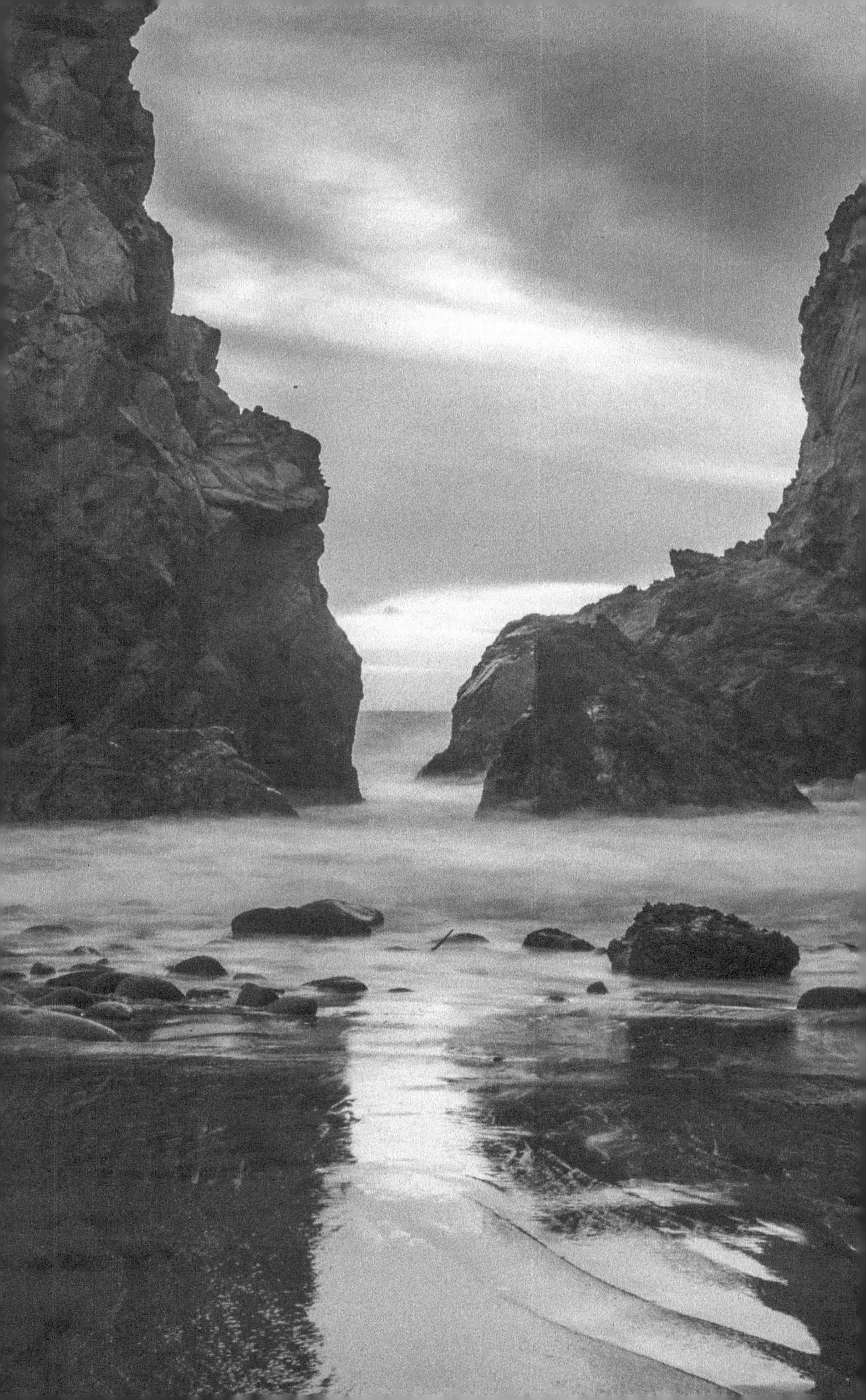

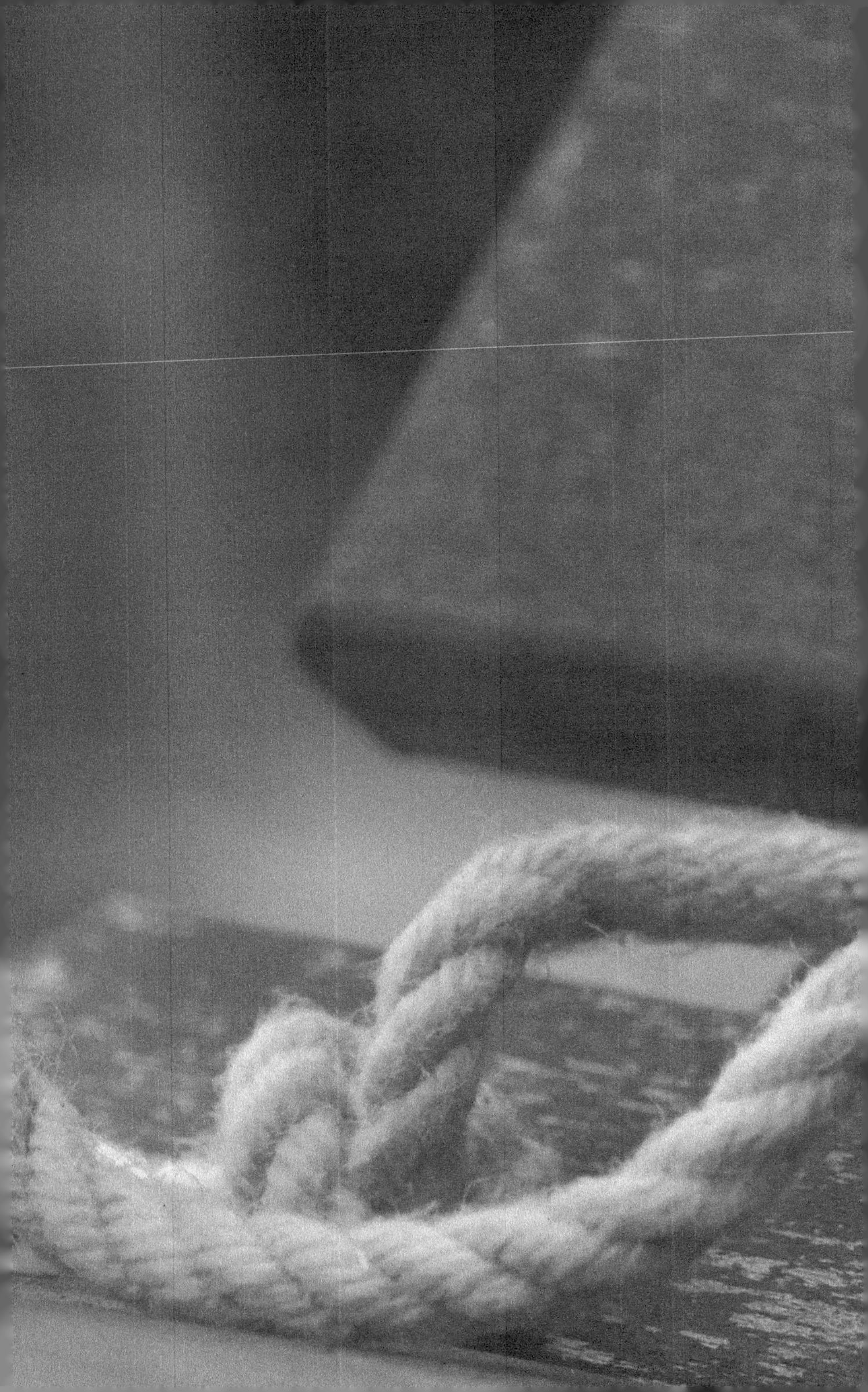

Von der Liebe ...

*Immer mehr Menschen verschließen sich
und haben Angst zu lieben oder geliebt zu werden.*

Selbst der größte Wunsch nach **Gemeinsamkeit** zerbricht an den **Erinnerungen der Enttäuschungen.**

Die Erinnerung an den **Schmerz**, den man gefühlt hat oder noch fühlt, die **Tränen,** die nicht mehr trocknen, den **Hass**, den man entwickelt hat, und vor allem an das **Gefühl des gebrochenen Herzens.**

Es ist nicht die **Liebe**, die in uns schrumpft, es ist die **Angst**, die immer größer wird, und die Liebe somit zu einem **kleinen Licht** macht und zeitweise in uns verdrängt. Das was bleibt ist **Kälte** und das leere, geschmacklose **Gefühl des Lebens**.

Somit ist die **Angst** leider ein stetiger **Begleiter der Liebe**, denn selbst, wenn man aus **tiefstem Herzen liebt**, hat man immer **Angst**, diese eine gewisse Person **zu verlieren.**

Man wird verlassen oder man verlässt selbst.
Dafür gibt es **viele Gründe.**
Und wenn man wahrhaftig liebt, **tut es immer weh.**

Der **Verlust eines Menschen**, den man liebt, bedeutet nämlich auch der **Verlust eines Teils** in unserem Leben. Und so führt jedes noch so kleine Geschehnis dazu, dass wir uns immer weiter und weiter **verschließen.**

So viel **Schlechtes**, das sogar oft depressiv macht,
und dabei sollte Liebe doch eigentlich schön sein.
Wenn ich also immer nur auf das **Vergangene** blicke und
meiner Liebe **keine Chance** in der Zukunft gebe, sollte ich
mich nicht wundern, wenn ich für immer allein bleibe.

**So versuche ich, die Vergangenheit hinter mir zu lassen
und nutze sie lediglich als eine Lehre für die Zukunft.**

Und auch wenn ich wieder **Gefahr** laufe,
denselben **Fehler** zu machen,
darf ich niemals daran zweifeln,
dass es die Liebe gibt ...

**Liebe ist das, wovon wir leben.
Liebe existiert in jedem von uns und
Liebe ist das, was jeder von uns braucht.
Sie kann verdammt schmerzhaft,
aber auch verdammt schön sein.**

Menschen, die wir in der **Zukunft** kennenlernen,
können und dürfen wir nicht dafür verantwortlich
machen, was andere in der **Vergangenheit** zerstört haben.
Klar hat man Angst, dass die Person die gleichen Fehler
macht, aber ehe man einem Menschen nicht die **Chance**
gegeben hat, wird man dieses **niemals** herausfinden.

Man läuft immer wieder Gefahr,
dass es genauso oder vielleicht schlimmer enden könnte,
**aber warum immer negativ denken und somit von
vornherein schon vieles zerstören?
Warum nicht einfach mal vom Positiven ausgehen,
egal was hinter einem liegt?**

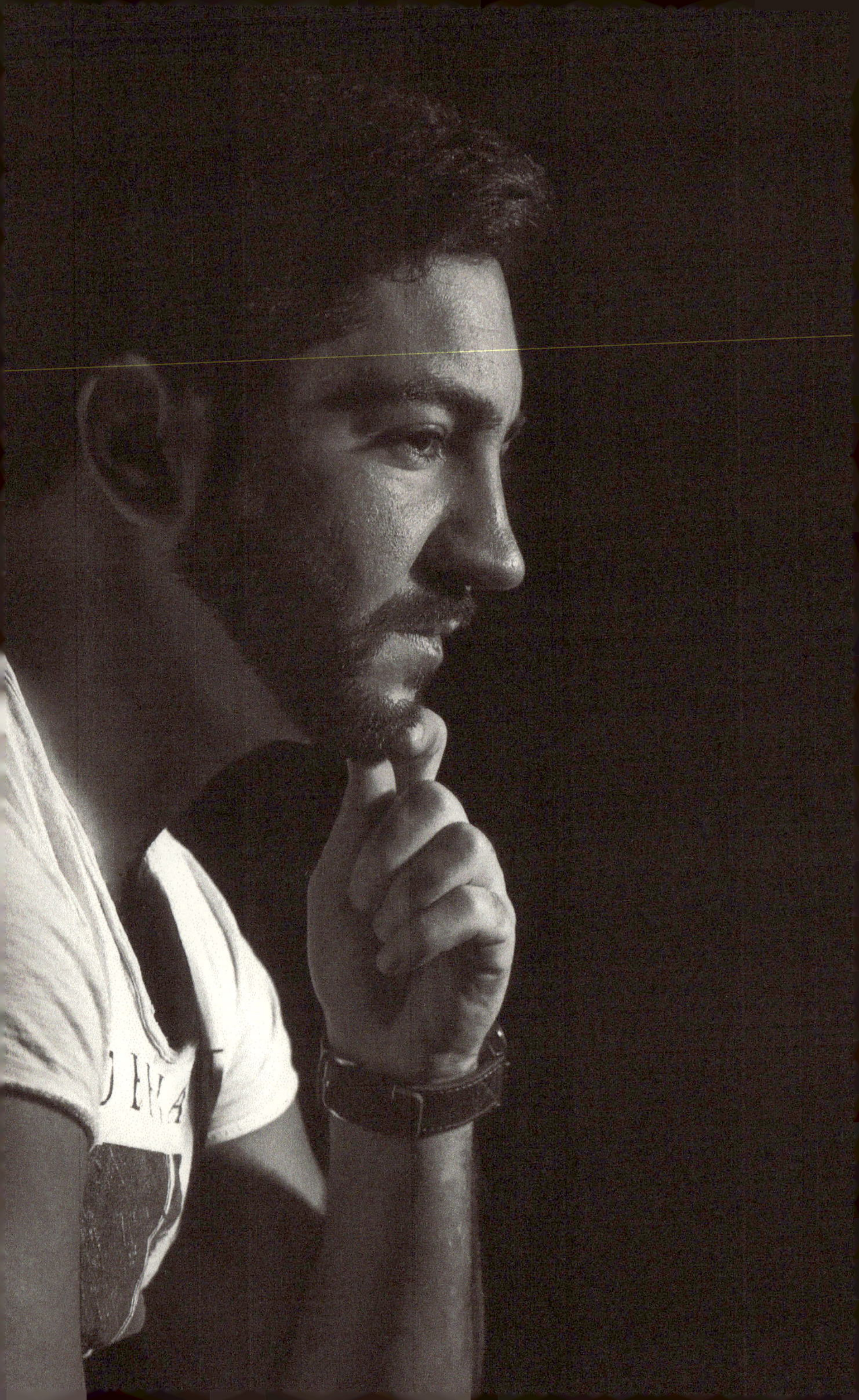

Wir haben alle unsere Erfahrungen
mit der **Liebe** gemacht.
Viele von diesen Erfahrungen waren **wunderschön**,
wenn am Ende auch schmerzhaft.
Viele von uns sind gerade erst getrennt,
manch andere schon länger.
Vergessen wir aber nicht und **freuen** uns für jene,
die in einer **Beziehung** sind und **wünschen**, dass sie **ewig**
hält. **So wie wir es auch für uns wünschen.**

So schwer es auch klingen mag, aber wenn ich nicht mit
der **Vergangenheit** abschließe, werde ich mich für die
Zukunft nicht öffnen können. Es werden **Blockaden**,
Mauern und **Fassaden** im Wege stehen,
die eine mögliche **Liebe** vielleicht verhindern.

**So lass die Vergangenheit vergangen sein,
sei offen für die Zukunft
und vor allem lebe und liebe viel.**

Und auch wenn viele mich nun für einen Träumer halten,
werde ich immer daran **glauben** und die **Hoffnung**
auf wahre Liebe niemals aufgeben und verlieren.

SADWOLF